ACTEURS ET ACTRICES D'AUTREFOIS
Documents et anecdotes publiés sous la direction de M. LOUIS SCHNEIDER

Samson

par

Pierre Veber

LIBRAIRIE
FÉLIX ALCAN

SAMSON

SAMSON

DU MÊME AUTEUR

Amour, Amour !....
L'Aventure
Une Passade
Les Couches profondes
L'École des ministres
Tout, mais pas ça !
Dans un fauteuil
Vie des personnages obscurs
M. & Mme Lhomme
Les Rentrées
Les Cours
Les belles Histoires
L'Homme qui vendit son âme au diable
Mademoiselle Fanny
Les Tard-venus

Chez les Snobs
L'Entremise
Tourte et bonne
Théâtre incomplet
L'Innocente du logis
La seconde Vie de Napoléon Ier
Une Aventure de la Pompadour
Archytas-Roi
La jolie Mme Livran
Pensées d'un mercanti
Vous n'avez rien à déclarer ?
La joviale Comédie
Les Veber's (dessins de J. Veber)

EN PRÉPARATION

Le Nœud gordien | Un Gaulois en liberté
Théâtre complet

SAMSON

Buste par CRAUK (1873)

MUSÉE DE LA COMÉDIE-FRANÇAISE

ACTEURS ET ACTRICES D'AUTREFOIS
Documents et Anecdotes
publiés sous la direction de M. LOUIS SCHNEIDER

SAMSON

PAR

Pierre VEBER

LIBRAIRIE FÉLIX ALCAN
108, BOULEVARD SAINT-GERMAIN, PARIS
1925

A Auguste RONDEL.

Son ami,
P. V.

A Auguste RONDEL.

Son ami,
P. V.

PRÉFACE

Ceci n'est pas un volume d'exégèse ; la vie de Samson,
qui fut privée de péripéties tumultueuses, m'a pourtant
paru mériter les honneurs d'un roman. J'ai suivi,
aussi fidèlement que possible, les indications que me
fournissaient les biographes du maître-comédien ; j'ai
cherché surtout à faire revivre une époque charmante et
les personnages qui l'illustrèrent. « L'histoire, dit un adage
latin, vous distrait, de quelque façon qu'on l'écrive ! »
Il viendra sans doute un homme mieux documenté que
moi, qui indiquera l'influence que le petit homme nar-
quois exerça sur le théâtre de son temps. Ce fut, en vérité,
une figure peu banale que celle de Samson ; il était
honnête homme, intelligent, ambitieux, sincère, dédai-
gneux du gain, bon époux et bon père, très spirituel ; et
l'on s'étonne après cela qu'il ait fait un si beau chemin.

Acteur remarquable, professeur scrupuleux (il y
en avait encore à cette époque), il fut ambitieux d'autres gloires : il voulut être auteur dramatique, il voulut
être bienfaiteur de l'humanité artistique et créa le
premier refuge des Saint-Genest déshérités ; il écrivit
le manuel du comédien, mais il eut le tort de l'écrire

en vers classiques. La forme seule conserve les idées justes, et l'alexandrin de Samson, pour correct qu'il fût, semblait chanté par un modeste Boileau sur un mirliton. Mais ce qui s'impose à notre attention, c'est la dignité d'un caractère ; à ce titre, Samson demeure un modèle ; et je n'aurai pas perdu mon temps, ni le vôtre, si j'ai pu restituer la physionomie du plus noble, du plus parfait, du plus lucide des artistes dont s'honore la Comédie-Française.

CHAPITRE PREMIER

SAMSON

Premiers détails

Le 3 juillet 1793 ne fut pas une date nationale ;
à cette époque, Saint-Denis, qui gardait les tombeaux
de nos rois, n'était guère qu'une aimable banlieue,
où les ouvriers, déjà inquiets du logement, allaient chercher des maisons à bon marché ; il y avait encore, dans
ce coin, des boqueteaux, de la verdure et des guinguettes. Je ne crois pas que le paysage ait gagné depuis
cent ans !... Il aurait plutôt perdu. La tristesse de l'Avant
Nord marquait déjà ces plaines desséchées que le progrès fit plus tristes encore. En 1793, il y avait les rois
morts et les pauvres bougres vivants. Un service de
coucous reliait Saint-Denis à la capitale ; des diligences
assez lourdes, assez lentes, conduisaient les rares voyageurs de Paris à Saint-Denis, et Saint-Denis était un
point d'arrêt définitif ; il n'avait pas la gloire éphémère
du relais. On allait de Paris à Saint-Denis et on revenait, par le moyen des coucous, grosses guimbardes

— I —

classiques. Le port d'attache de ces véhicules était un petit café-limonadier, assez peu reluisant, qui était tenu par le sieur Isidore Samson et sa femme, Mlle Auvry, qui était fille d'un pâtissier dudit Saint-Denis ; dans ce café, qui était un ancien bureau de coche, les cochers, les valets d'écurie venaient manger et boire.

Là naquit Joseph-Isidore Samson, futur marquis de la Seiglière ; et le lendemain de sa naissance, ses parents le reconnurent, ainsi qu'il appert de l'acte relevé par Ménétrier, dans « *La Troupe de Talma* ». Vous figurez-vous, d'après Boilly, ce que devait être une cour de diligence ? Et cela en 1793, au moment où la Révolution se croyait victorieuse !... Il paraît que le petit Joseph-Isidore fut le dernier enfant baptisé congrument et il le fut, paraît-il, par un prêtre jacobin ; mais la marque du baptême bourgeois s'implanta dans ce jeune esprit. J.-I. Samson devait être, toute sa vie, bon fils, bon père de famille, bon garde national, bon bourgeois, bon artiste et bon professeur ; il fut même l'un des premiers comédiens qui obtinrent la croix de la Légion d'honneur.

En 93, même à Saint-Denis, la vie n'était pas joyeuse. La Terreur se faisait sentir dans la banlieue ; le petit Joseph-Isidore n'avait pour modèles que les cochers des coucous ; il essayait de les imiter en conduisant des chaises. Son père était un brave homme, assez intelligent, quoique illettré ; il eut une influence certaine sur ce marmot. On nous dit que Joseph-Isidore fut le second fils ; nous n'avons aucun renseignement sur le premier fils, dont l'existence paraît douteuse. Jamais Samson n'a parlé d'un frère aîné ; ce frère est-il mort prématurément ? Ou n'a-t-il jamais existé ?... Il semble bien que Samson fut fils unique ; il était petit, chétif, malingre ; sa tête était envahie par une forêt de cheveux, ainsi qu'il advient aux enfants rachitiques.

La physionomie de l'homme se précisa dès l'enfance ; Joseph-Isidore était mal venu ; plus tard, son maître Lafon dira de lui qu'il a « un physique grêle ». Il avait un tout petit nez en trompette, une bouche mince, et des yeux mal fendus ; mais tout cela faisait un ensemble malicieux.

Certes, les parents de Samson n'étaient pas des plus tendres ; le père travaillait sans arrêt, la maman ne pensait qu'à l'économie. Ce que fut l'enfance de Joseph-Isidore vous laisse pantois ; il déclara, dans ses *Mémoires* : « Je n'ai jamais eu un gâteau, ni un jouet... Ma mère ne m'a jamais donné une caresse ! » Et c'est à soixante ans passés qu'il écrit ça !... Mme Samson mère était une ménagère économe, qui rognait sur la nourriture et sur le vin ; de temps à autre le papa Samson emmenait son rejeton à Paris, au restaurant, et cherchait ensuite des excuses à ces brèves folies. Mais le petit Samson prenait contact avec la médiocrité de la bourgeoisie, il concevait l'injustice des conditions malheureuses et plus tard, il pourra dire avec un accent inimitable le mot du marquis d'Auberive : « Crève donc, société ! »

Les plus pénibles années de la Révolution n'atteignirent pas le ménage Samson, et le futur sociétaire avoue placidement qu'il n'a pris aucun intérêt aux événements qui se déroulèrent. Le père Samson, qui n'était pas un sot, avait de l'ambition ; il voulut quitter Saint-Denis pour la grand'ville. Joseph-Isidore suivait docilement la fortune de la famille ; il racontera plus tard que son génie révélé date de là ? N'en croyez rien ! Ce fut toujours un homme « à la suite », un citoyen probe, un enfant docile, un pensionnaire scrupuleux, un sociétaire actif et un comédien laborieux ; il eut du génie à force de travail. Mais il n'eut jamais de talent. On n'échappe pas à son pedigree ; fils du limonadier et de la pâtissière, Samson était peuple et son physique ingrat ne le prédisposait pas aux grands rôles ; mais il sut imposer son intelligence et forcer le succès. Sa rancœur le servait, comme aussi sa parfaite honorabilité ; on n'arrive que par le caractère, dans toutes les professions de l'esprit.

Quand il vint à Paris, le petit Samson ne savait rien ; la tourmente révolutionnaire avait passé par-dessus sa petite tête. Les *coucous* demeuraient.

L'enfance de Samson fut peut-être pittoresque ; à coup sûr, elle ne fut pas privilégiée. Son père le limonadier était un assez brave homme et fort intelligent, bien qu'il se soit remarié trois fois ! Mme Samson, elle, était une femme d'ordre, assez ronde et d'une avarice féroce ; ce qui ne l'empêcha pas de se ruiner. Elle faisait jeûner son mari et son fils.

Est-ce que, déçue dans une première maternité, Mme Samson accueillit mal ce second don de Dieu ? Toujours est-il que le petit Joseph-Isidore ne ressentit aucune sympathie exagérée pour celle qui lui avait ouvert les portes du monde ; il ne lui rendit justice que très tard, quand usée par les efforts, le travail et la misère, elle mourut. Joseph-Isidore avait quelques raisons de garder rancune à la fille du pâtissier ; en effet, Mme Samson, qui était bourgeoise et même petite bourgeoise, contrecarra la vocation de son fils. Le préjugé contre le comédien était resté tout-puissant dans les classes moyennes, et il s'étendait aussi jusqu'à la limite des artistes, peintres, gens de lettres et autres ; lorsque Samson prononça son éloge de Molière, il se souvenait sans doute des sarcasmes de ses proches ; et quand il vengeait le fils du tapissier, c'était surtout lui-même qu'il réhabilitait. Ce sont toutes ces rancunes juvéniles, cette géhenne de la misère qui ont formé ce caractère ironique et pinçant ; Samson, des valets, s'éleva au rang des marquis raisonneurs, où il fut inimitable. Et c'est cela qui surprend l'exégète ; Dubois, des *Fausses confidences*, devint Bertrand de Rantzau, le marquis de la Seiglière et le marquis d'Auberive. Pour dire admirablement « Crève donc, société ! », il fallait avoir, dans les temps lointains, connu l'atroce misère injustifiée.

Le papa Samson, nous l'avons dit, était un brave homme de limonadier, fort malin et qui portait allègrement son péché ; il subissait la règle féroce de sa moitié, mais il s'offrait en compagnie de son rejeton des orgies modestes ; à ces fins, il mettait de côté des sommes grapillées sur la limonade et les pourboires des coucous, et il disait à son fils : « Je te mène au restaurant ; tu diras à ta mère que c'est ton oncle qui nous a invités ! » Or, cet oncle, riche fermier, venait très rarement à Paris. Le petit Joseph-Isidore se gardait de démentir son père, qu'il aimait, bien que celui-ci fût brutal. Il y avait complicité entre les deux hommes, et c'est une aventure qui se reproduit souvent.

Les premières années du futur sociétaire se passèrent sans incident, dans l'estaminet de ses parents ; il s'intéressait aux mœurs des cochers, qu'il s'efforçait d'imiter, et il n'allait pas encore à l'école. En 1798, la France était pacifiée, il y eut une recrudescence de commerce, un national désir de s'élever, une folie d'entreprises. Les Samson n'y échappèrent point et, quittant la maison des coucous, vinrent installer leur commerce au terminus, rue Montorgueil, près de l'endroit où le célèbre pâtissier Lesage installa plus tard sa boutique de foies gras. Les affaires furent moins belles ; aux crises de richesse nationale succèdent des moments difficiles. Et pourtant Mme Samson mère ne jetait pas ses coquilles d'œufs !... Mais le problème de la vie coûteuse se posait déjà, pour un limonadier ; à la relative richesse de Saint-Denis succédait la difficile compétition dans Paris ; un enfant qui, de son coin, assiste aux tragédies de la misère, ne les oublie jamais ; plus tard, Samson, dédaignera l'argent, parce qu'il eut soin d'en gagner assez pour être indépendant.

L'entreprise de la rue Montorgueil ne dura pas long-temps, deux ou trois ans à peine ; le jeune Joseph-Isidore fut mis dans une école de la rue Saint-Sauveur, où il s'illustra comme lecteur ; il était, nous dit-il, l'aigle de la lecture ! Et c'est ce qui explique le prodigieux succès de ce comédien ; il avait commencé par lire, par cet art le plus difficile de tous, puisqu'il se prive de décor, de costume et de partenaires ! Lire, c'est encore plus difficile que de parler !... Quand vous parlez, pourvu que vous ayez eu le soin de ne pas préparer votre discours, le démon s'empare de vous et dit des choses admirables, ou simplement surprenantes ; mais l'homme qui lit doit, au fur et à mesure, prévoir les intentions d'un auteur qu'il ne connaît pas. C'est là que la profession de comédien n'est plus médiocre, puisqu'il n'a plus d'auteur pour le conseiller et le diriger. Un proverbe dit : « Comprendre, c'est égaler ! » Et pour bien lire, il faut comprendre. Cette discipline de la diction n'a jamais été clairement indiquée ; parce qu'aucune formule ne peut en indiquer les règles ; et c'est la magie du théâtre, aussi bien pour les auteurs que pour les acteurs ; nous savons qu'il y a des lois, nous les connaissons par cœur, et nous ne les appliquons pas, parce que la folle du logis nous entraîne à sa suite. La seule efficacité du Conservatoire serait de discipliner les tempéraments sans les enchaîner. Il y a peu d'élèves qui soient capables de lire intelligemment un fait divers.

Samson commença par la lecture ; grâce à elle, il fut un comédien apprécié et un professeur inimitable. Au siècle dernier, l'expression : « Lire comme Samson » était le plus bel éloge. A présent, pour un auteur dramatique, il n'y a pas d'épreuve plus pénible que la lecture de sa propre pièce, qu'il connaît pourtant par cœur. Et cela s'explique aisément : le véritable écrivain n'est jamais content de soi ; à mesure qu'il lit son ouvrage, fût-ce pour la vingtième fois, il y découvre de nouveaux défauts qui le désolent ; et sa bouche parle, tandis que sa pensée est en retard de dix répliques. J'ai entendu, dans la loge d'Antoine, la lecture de la *Nouvelle Idole*, c'était merveilleux et lamentable ! François de Curel, qui lisait pourtant sur les épreuves de son drame, ânonnait et bafouillait terriblement.

D'autres auteurs, comédiens expérimentés, *jouent* leurs pièces et trompent tout le monde.

CHAPITRE II

ANNÉES D'AVENTURES

Le petit Samson, qui n'était pas heureux chez lui, avait conçu par là-même un amour ardent de l'étude ; il était très bon élève, ce qui vous conduit plus tard à être très bon professeur. Mais le génie du père Samson ne lui laissait aucun répit ; ce limonadier tumultueux fut vite las de la rue Montorgueil, qui ne permettait aucun espoir ; à cette époque, une double industrie sollicitait les gogos : la loterie et son corollaire, les prêts sur gages. Le papa Samson, qui ne gagnait pas sa suffisance dans les coucous, liquida sa situation et acquit un bureau de prêts sur gages, près de Saint-Eustache.

Cet avatar faillit décider de la vocation future de Joseph-Isidore qui se trouvait près d'une église, et qui soudain y découvrit mille occasions de s'émerveiller. Au demeurant, il y a dans l'Eglise une pompe, une variété de drames et de symboles, qui expliquent pourquoi le théâtre fut abrité par elle. Suivez attentivement la vie de M. Samson ! Vous verrez qu'elle était commandée par une espèce de fatalité : la lecture, la misère, le **mys**-ticisme ! C'est déjà une détermination ? Attendez !.. Dieu me préserve de railler les prêtres d'une religion aussi puissante ; mais il **est certain** que le « bel officiant et le « beau prédicateur » durent exercer sur l'esprit d'un enfant du peuple une singulière influence. Le jeune catéchumène fut attiré par les dehors de la religion ; il s'exerçait à copier les gestes et les attitudes des grands prédicateurs, et se croyait promis **aux** plus hautes destinées ecclésiastiques. Les Samson ne restèrent pas longtemps là, ils prirent un autre bureau de prêts, aux alentours de la place des Victoires et se logèrent dans la petite rue de la Feuillade ; si je ne me trompe, ce fut depuis le logement des vicaires de Notre-Dame **des** Victoires et il existe encore. Mais l'orientation du jeune Samson devait soudain bifurquer.

Il fut mis à l'institution de la rue du Mail ; ce que fut cette institution, nous nous le figurons aisément, d'après ce qu'Agrippa d'Aubigné dit du collège de Montaigu. Elle était dirigée par un sieur Rouillé, qui avait pour les châtiments corporels une prédilection inquiétante et presque britannique ; ce père Fouettard n'avait, pour les meilleurs élèves, ni un éloge ni un encouragement ; le pauvre Joseph-Isidore risqua rarement la fouettée hebdomadaire, car il avait gagné cette cote : « Elève soumis, laborieux, et silencieux ! »

Tout de même, l'élève soumis reçut sa part de verges,

et ce timide osa se plaindre à son père ; la colère de M. Samson fut terrible ! Il ne se borna pas à retirer son fils de chez l'horrible Rouillé, il alla chez le bourreau et, en pleine classe, il lui infligea une diatribe furibonde ; Rouillé n'osa pas protester, parce que l'ancien limonadier était bien doué par la nature.

Le petit Samson fut fort joyeux de quitter le Purgatoire Rouillé ; mais il fut plus heureux encore quand on le mit dans le pensionnat de M. Jacob, à Belleville. Nous cherchons comment le tenancier d'un bureau de prêts a pu installer son fils dans un établissement assez renommé, où les jeunes gens de l'aristocratie fréquentaient, bien qu'il n'eût pour professeurs que Jacob et Gersin ; la vie des pensionnats était plus familiale ; ainsi le fils du cafetier connut là le fameux Baron Taylor (celui qu'on appelait en abrégé le Bon Taylor) et qui lui permit de fonder plus tard l'Association des Artistes dramatiques. Ces années d'apprentissage furent les plus joyeuses ; Joseph-Isidore était faible en écriture, ainsi qu'en témoignent les dédicaces que nous avons de lui ; son graphisme ne révélait aucune originalité artistique ; seulement de la bonté et de la volonté. Il était déplorable en mathématiques. Par contre, il était très fort en thème et n'avait qu'un adversaire, Desfontaines, plus tard président du Tribunal de Lille. Notons cela : c'est la rigueur classique, la latinité, qui va susciter ce petit garçon malingre et trop sage ! (car il eut le ridicule prix de sagesse !) Mais pensez qu'à l'âge de dix ans, les gosses de ce temps parlaient couramment latin !...

Il y avait chez Jacob des séances dramatiques où les élèves jouaient au comédien. Samson se fit remarquer dans le rôle d'un frotteur. Il était déjà marqué pour les valets. Il lisait beaucoup, et sa lecture préférée était l'œuvre complète de Boileau ; introduction à la vie classique !... Quand on prend du Boileau, il n'en faut pas trop prendre ! Samson en fut intoxiqué ; il devint ainsi d'avance l'esclave du répertoire ; il se sentit incapable de servir la cause du romantisme qu'il ne comprit pas, et il fut amené à écrire un poème didactique : *L'Art théâtral*, dont nous parlerons plus loin.

L'étrange père de famille qu'était Samson senior ne pouvait rester en place. Cet homme actif et tumultueux aurait vite changé d'état, si la destinée ne l'y eût aidé. Les maisons de prêts furent supprimées, l'Etat se réservant les bénéfices d'une institution qu'il avait tolérée. Les tenanciers de ces maisons furent indemnisés, mais il leur fallait trouver de nouvelles ressources.

Ce fut alors que parut Calender !... Et Calender amenait avec lui Lagarde. Calender était un pseudo-américain, beau parleur, doué par la nature des grâces du langage, ce que, récemment, on appelait un esbrouffeur.

Il était accompagné d'un garçon lugubre, sinistre, qui portait en lui l'annonce du désastre. Ce couple bizarre entreprit le père Samson et lui dit : « Il y a une fortune à gagner dans les filatures de coton ; nous en connaissons une aux portes de Paris ! Donc, pas de transport... Les Anglais, dont nous sommes les tributaires, vont faire une vilaine figure, mais tant pis pour eux !... Avec une mise de fonds médiocre, vous deviendrez le plus grand filateur de ce pays.

— Et combien récolterons-nous ? dit Mme Samson, la paysanne méfiante.

— Tout ce que vous voudrez, dit Calender, du cent ou du cent cinquante pour cent !

— N'exagérez pas ! dit le sombre Lagarde ; mettons du cinquante pour cent !... »

De tels chiffres ahurirent la fille du pâtissier, l'âpre ménagère qui rognait sur le pain et le vin. Elle poussa son époux dans la voie des emprunts ; la filature devait employer beaucoup de monde ; les matières premières coûtaient assez cher, car le coton n'arrivait que rarement, à cause du blocus. Et puis l'ancien limonadier n'était guère construit pour diriger une entreprise où il eût fallu, pour le moins, un ingénieur ou un homme du métier ; en tout cas, il eût fallu beaucoup de capitaux. J'ignore si le brillant Calender et le triste Lagarde furent des escrocs ; franchement, je ne le crois pas. Sinon, Samson qui avait horreur de l'injustice, surtout quand elle s'adressait à lui, eût poursuivi de sa haine ces picaros qui ruinèrent ses ascendants ; quel était l'état d'âme du petit Samson, à cet instant ?... Il traversait la plus surprenante époque, la plus glorieuse qu'il eût été donné à un petit Français de connaître. On vivait double dans l'enthousiasme et les victoires ne comptaient plus ; des contemporains nous ont laissé la description prestigieuse de ces heures glorieuses.

Le petit Joseph-Isidore nous avouera que cette splendeur le laissa fort indifférent. Il n'aima jamais l'Empire, qui le sauva pourtant du plus grand des périls. Toujours franc avec lui-même et avec les autres, il n'hésitera pas à déclarer que le souverain selon son cœur fut Louis-Philippe. Et pourtant, voyez l'inconséquence des prédilections ! Ce fut sous Louis-Philippe que le romantisme triompha ; et le romantisme fut la bête noire de Samson ! Et nous savons que les romantiques étaient de fidèles royalistes, tandis que les classiques passaient pour de farouches républicains !...

Le vulgaire incline fâcheusement à croire que la nouvelle école était aussi révolutionnaire en politique pure qu'elle le fut en littérature ; c'est une erreur ! Le sentiment républicain que l'Empire transmit aux républicains et qu'il avait pris à la première révolution, s'inspirait de la tragédie ; le drame romantique s'inspirait du royalisme modifié. Il y a, quelque part, une thèse là-dessus ; les rapports de la littérature et de la politique sont si étroits, depuis des siècles, qu'ils mériteraient une étude approfondie. Et je suppose que je ne suis pas le premier à m'en être avisé !...

Le fils Samson était de sens rassis. En son for intérieur, le vacarme magnifique ne l'atteignait pas. Ce phénomène est plus fréquent qu'on ne le croit ; des hommes de génie ont vécu à l'écart de leur siècle, isolés dans leur pensée, ils se rattachèrent à des temps disparus ou à venir. Kant, par exemple, fut à maintes reprises surpris par les événements, ces « mouches qui se heurtent contre la vitre de l'éternité ».

Une inexplicable phobie éloignait Joseph-Isidore du siècle où il ne retrouvait plus la belle ordonnance du classique. Rares sont ceux qui peuvent accorder le culte des livres avec le souci de la vie. Samson était une petite nature que menait déjà un grand cerveau. Son prodigieux enseignement eut pour base cette maxime : « Il ne faut pas se dépenser ! » Mais, fort habilement, Samson attribua ce précepte à Talma.

C'est vrai ! Il faut faire feu qui dure ! Mais à quoi bon durer, si l'on doit, pour cela, s'épargner ? Le propre du génie est la générosité absurde ; le propre du talent est l'économie sage, la surveillance de soi-même, la prévoyance ; en somme cette diplomatie très habile, qui assure les plus beaux succès à celui qui la pratique de son vivant. Les morts ne se soucient guère du soleil pâle qui les éclaire !...

Les parents Samson, congrument roulés, cédèrent au malin Calender leurs économies accumulées par quinze ans de ladreries ; ils empruntèrent et signèrent des engagements à long terme. Le mirage de la fortune prochaine les avait décentrés, comme des moucherons effleurés d'un coup d'éventail. La filature était d'ailleurs pittoresque, installée dans une vieille abbaye désaffectée, à Yerres, près de Corbeil, aux portes de Paris. Là était le danger ! Paris se trouvait trop près ; et le papa Samson était un filateur de trop fraîche date. Tout nous incite à croire que le digne homme était un peu porté sur la créature, car il se maria trois fois ! Ce dut être un médiocre industriel, ainsi qu'il appert de ce qui suit. Il était conduit par le bruyant Calender et le silencieux Lagarde, qui n'y connaissaient goutte ; tout était mené par des contremaîtres, ainsi qu'il sied. L'entreprise manquait de directeurs ; elle manquait aussi de capitaux ; et c'est l'histoire de bien des entreprises. Dans ce pays, nous nous laissons leurrer par la légende de la Veine, par celle de l'Audace, par celle de l'Effort. Tout ce qui n'est pas établi et calculé avant la mise en train est presque toujours condamné à l'échec. Ce n'est que dans les régions neuves que naissent, comme des morilles, les fortunes, sous un coup de soleil. Ici, l'ascension des ploutocrates est lente ; il est impossible de surprendre ou de forcer la réussite, si l'on n'a pas tous les atouts en mains !

Mme Samson, dans son abbaye historique, demeura ce qu'elle était : une trésorière avare ! Son mari et son

Vers 1830.

fils durent se contenter du maigre menu qu'ils avaient en exécration.

Le petit Samson avait alors onze ans ; il avait goûté aux délices de la vie parisienne ; son coupable père, qui aimait le théâtre, l'avait mené au Palais-Royal, encore vibrant des triomphes de la Montansier. Il l'avait même mené dans les cafés des Aveugles et du Sauvage, qui représentaient alors la libre chanson ; c'était le « Chat noir » d'alors. J'ai revu naguère ce café des Aveugles, qui appartenait à mon ami Quinson et j'ai failli le louer pour y installer le nouveau Théâtre-Libre !... Hein ?... On frôle la mort à chaque minute !...

Joseph-Isidore avait des plaisirs plus relevés ; il fut à l'Opéra, qui ne lui plut guère. Il connut le Théâtre Louvois, où triomphait Picard, et où il devait, dix ans plus tard, faire ses premiers essais. Nous nous figurons mal l'extraordinaire vogue que connut Picard ; de nos jours, aucun directeur-auteur n'atteignit à ce triomphe. A la vérité Picard mérita sa fortune, car il était le précurseur de la pièce-bouffe, de ce que nous appelons aujourd'hui « le vaudeville » et qui n'a rien à voir avec l'ancien vaudeville. Picard, héritier de Beaumarchais et surtout de Dancourt, appliqua la supérieure mécanique classique à l'étude du siècle nouveau. Ce fut vraiment un grand bonhomme, très modeste comme Labiche et comme lui académicien, et comme lui, presque génial. Il joignait, à l'intelligence d'un grand auteur, les dons d'un acteur sans pareil ; il orienta le théâtre comique dans une voie qui l'a conduit jusqu'à Feydeau. C'est de lui que date le « Théâtre bien fait ».

Ce théâtre était bien peu littéraire, je le reconnais ; il contenait le minimum d'idées ; il n'avait pas les ambitions des pièces à thèse et des pièces à préface ; mais il avait une qualité : il était *théâtre* !... Il vivait d'action ; les personnages étaient inconsistants, presque guignolesques, mais ils agissaient. Sommes-nous sûrs que le théâtre d'aujourd'hui soit libéré de ces obsessions ?... Si vous regardez bien les succès de ce temps, vous y découvrirez l'éternel répertoire italien, celui qui a formé Molière.

Le jeune Samson, qui n'avait pas beaucoup d'argent, fréquentait le Théâtre Molière de la rue Saint-Martin. Est-ce celui où il rencontra plus tard Rachel ? Je ne le crois pas. La scène de Saint-Aulaire était plus modeste, on ne saurait la situer. Samson nous avoue sa prédilection pour les mélodrames du boulevard du Temple ; il ne faut pas en sourire. Il y a là tout un répertoire oublié, qui forma plus tard les assises du romantisme. Un de mes amis disait : « Qu'est-ce que le drame ? Une tragédie qui a mal tourné ! » Tant que la tragédie s'encanailla, elle ne suscita aucun reproche ; le romantisme ne fut, en réalité, qu'une révolution de lettrés qui arrachèrent le drame aux galfâtres. L'audace d'un Hugo et d'un Dumas est de transporter le frisson brutal du boulevard au Théâtre-Français ou à l'Odéon.

Une admiration. Il y avait à l'Ambigu, théâtre très populaire, un acteur qui recueillait tous les suffrages, un nommé Tautin, qui n'a pas laissé de nom dans l'histoire ; comme tous les artistes de génie, Tautin avait un défaut de prononciation, et c'est ce défaut que le jeune Samson s'efforça d'imiter, dans ses exercices privés. Ne riez pas !... C'est tout l'enseignement du Conservatoire !

Le meilleur maître de Joseph-Isidore, ce fut le pitre ! En 1804, il y avait peu de théâtres ; par contre, les baraques foraines, à demeure, pullulaient et toutes avaient des *bonisseurs* et des parades ; c'était le legs de Tabarin et du Pont-Neuf. On croit généralement que notre théâtre comique est venu de l'Eglise et de l'Université ?... Il est né dans le peuple et dans la boue, et tant mieux s'il s'en ressent !... Le futur professeur du Conservatoire, qui n'avait pas le sou, allait flâner dans la foire perpétuelle qui se tenait en certains endroits de Paris ; à son insu, devant les parades, il prit de merveilleuses leçons. Et plus tard, élève du Conservatoire, il reviendra, en compagnie de son fidèle Perlet, devant ces tréteaux vulgaires; mais c'est Perlet, cette fois, qui profitera de la leçon !

Ce ne fut pas avec joie que Samson quitta Paris ; il avait alors onze ans et l'exil en province ne le charmait que médiocrement ; il était soumis et respectueux. Il tenta même de s'intéresser à la filature. La faculté d'adaptation des gosses est prodigieuse ; Joseph-Isidore apprit le métier de « rattacheur de fils » et faillit y consacrer sa vie. Mais il avait le théâtre dans les moelles. Il avait appris que dans les environs, à Brunoy, deux grands acteurs avaient leur villa : Dazincourt et Talma ! En 1804, ces deux grands artistes jouissaient d'une popularité presque égale à celle de Carpentier et de Criqui... Plus tard, les critiques un peu âgés comparèrent Samson à Dazincourt.

Pour l'heure, le petit ne songeait qu'à rencontrer ses deux demi-dieux ; il ne les put joindre ; ni Talma, ni Dazincourt n'avaient le temps de villégiaturer. Plus tard, Talma sera le protecteur de Samson, tant au Conservatoire qu'à la Comédie-Française.

La grande affaire de la filature périclita ; malgré ses efforts, l'ancien limonadier ne pouvait faire face à ses engagements. Dès lors, la vie de famille fut un enfer ; un proverbe dit que les chevaux se battent quand il n'y a plus de foin au râtelier. Dans sa plus mûre vieillesse, Samson conservait le cuisant souvenir des scènes auxquelles il avait assisté et dont il était la victime expiatoire. Le père Samson luttait pouce par pouce contre les créanciers ; de temps à autre, il allait à Paris, chercher dans le pied-à-terre quelque meuble de prix qu'il fallait vendre pour désintéresser un créancier trop hargneux. Les maîtres de l'abbaye d'Yerres vivaient comme des pauvres. La sensation de la misère s'appesantissait sur un pauvre petit diable qui n'avait pas été heureux jusque-là et qui n'avait pas d'amis.

Quand la faillite est à nos portes, il n'est plus temps de discuter. Les parents de Joseph-Isidore décidèrent de le mettre en apprentissage chez un de leurs amis, un avoué de Corbeil, M. Martin.

Or, cet avoué, contre toute vraisemblance, était jeune et très gai ; dans le pays, on l'accusait d'être gobichonneur et on lui opposait son confrère Me Dancourt, le type de l'avoué classique, solennel et un peu gourmé. Toutefois Me Martin, qui ne manquait pas d'habileté, avait donné à son étude un certain air de prospérité ; il réclamait un second clerc, un saute-ruisseau, au pair ; le jeune Samson ne devait avoir que la nourriture. Du moins serait-il bien nourri ; les menus de l'Abbaye n'étaient pas plus copieux, au contraire. On se débarrassait d'une bouche inutile.

Joseph-Isidore ne fut pas malheureux dans l'étude de Corbeil ; Mme Martin n'était pas une patronne sévère. Et il y avait une vieille dame infirme à qui le petit clerc allait faire la lecture ; en lisant pour elle, il travaillait pour lui, il se perfectionnait. Plus tard, devenu professeur, il ne manqua pas de proclamer que la lecture est le seul apprentissage de la diction, et qu'un artiste qui ne lit pas parfaitement est incapable de bien jouer la comédie. Cette maxime m'a toujours paru discutable, parce que je vous citerais **vingt** artistes de premier ordre qui sont parfaitement ignorants de l'art de lire. Dix-huit sur vingt, parmi les auteurs les plus renommés, sont des lecteurs ridicules ; pourtant, ils ont **créé** les personnages et savent toutes les intentions qu'ils ont mises dans leurs répliques ?

Advint que M. Martin se trouva trop à l'étroit dans sa petite étude ; une occasion lui permit de faire une excellente affaire. Il racheta la maison d'un client, avec les meubles, dont le plus appréciable était une vaste bibliothèque ; le saute-ruisseau, qui avait la faveur de ses patrons, eut la permission de lire tous les bouquins. Se figure-t-on ce que devait être la « librairie » d'un vieil habitant de Corbeil, vers 1806 ? De quelles absurdités surannées et philosophiques se composait-elle ? De quelles tragédies chlorotiques ? De quelles publications religieuses ? De quelles rêvasseries, romans ironiques ou sentimentaux ? Tout était bon à un jeune esprit avide de lire, et qui avait assez d'humanités pour réciter du Virgile et traduire Ovide.

Mais le petit clerc, qui avait failli naguère être prédicateur, manqua de se faire avocat ; n'est-il pas curieux de voir que deux professions, qui ont pour objet l'art de la persuasion, ont ainsi conduit un jeune homme à celle de comédien ? Le jeune Joseph-Isidore s'affublait d'une robe empruntée à la patronne et plaidait devant les servantes. Plus tard, lorsqu'il jouera l'Intimé, il se souviendra de ses débuts comme orateur dans la cuisine des Martin.

Samson garda toujours un excellent souvenir des années passées à Corbeil ; ce qui nous étonne, pourtant, c'est que lui, si fidèle à l'amitié et à la reconnaissance, perdit de vue les bons Martin qui l'avaient nourri et qu'il avait fidèlement servis. Et ce n'était pas le modèle du clerc ! J'entends par là qu'il avait une écriture affreuse ; lisible, mais que Brard et Saint-Omer, eux-mêmes, eussent repoussée avec horreur. A cette époque les avoués, tout comme les feuilletonnistes, tiraient à la ligne, les actes se payant à la page. Samson grossoyait sans élégance ni enthousiasme. Il prenait néanmoins quelques notions de droit ; nul Français n'est censé ignorer la loi. Il vaudrait mieux proclamer que nul artiste ne doit ignorer les lois, où s'affirme toute la complexité de l'esprit humain. Il n'y a pas meilleure discipline que celle de la chicane, même pour les sages qui ont horreur des procès. Vous le voyez, le Destin se plaisait à préparer l'âme du futur maître ; à son insu, il était armé pour les prochaines luttes ; son intelligence, sa raison, servies par une prodigieuse mémoire, se fortifiaient lentement. Ce qu'il avait lu, il ne l'oubliait plus, tandis qu'il restait indifférent devant le drame invraisemblable que l'Histoire lui offrait.

Je ne sais quel auteur contemporain a dit : « Ce qu'il y a de terrible dans les dettes, c'est qu'il faut toujours finir par les payer ! » Le père Samson mit quelques années à découvrir qu'il n'était pas bâti pour le métier de filateur ; pour prendre l'usine, il avait emprunté, et pour la conserver, il avait ajouté d'autres dettes aux précédentes. Calender voyait large et réclamait des machines *up-to-date*. Mme Samson, en dépit de son économie, n'arrivait pas à boucler le budget. Un homme d'énergie sut arrêter cette course à l'abîme : l'oncle Samson, le même qui servait d'alibi, lorsque Samson senior et son fils s'offraient une frairie loin de la terrible Mme Samson.

L'oncle Samson était fermier dans un domaine princier ; il passait pour riche. Sa principale qualité était le bon sens, qui tient parfois lieu de génie. Appelé à Yerres, il jugea la situation et dit à son frère : « Il n'y a qu'une chose que tu saches filer : c'est un mauvais coton ! Si tu t'obstines, tu ne t'en tireras jamais. Plante là ton abbaye, tes métiers, liquide au mieux et rentre à Paris, où tu pourras vivoter. Je t'aiderai ; nous prendrons des arrangements avec tes créanciers, afin d'éviter la faillite. Le reste de ta vie sera dur et tu travailleras désormais pour les autres ? Que veux-tu ? Nous aurons sauvé les meubles ! » Hélas ! les meubles étaient depuis longtemps vendus ; quand un créancier devenait pressant, les Samson allaient dans le petit pied-à-terre qu'ils avaient gardé à Paris chercher une pendule, une commode qu'ils vendaient, et ils désintéressaient le criard.

La fatalité de la misère poursuivait cette malheureuse famille ; la liquidation s'opéra sans fanfare ; mais le père Samson fut, toute sa vie, accablé par la dette qu'il avait contractée. A cette époque, on ne savait pas faire faillite ; ce ne fut que plus tard que les commerçants comprirent les avantages qu'offre une banqueroute bien ordonnée. Le père Samson obtint, grâce à l'oncle tout-puissant, une place dans un bureau de loterie, à Paris. Joseph-Isidore dit adieu à son avoué de Corbeil, au clerc qui devait s'engager dans les armées de Napoléon Ier ; il dit adieu à la bibliothèque, aux ruisseaux de Corbeil qu'il avait si souvent sautés. Depuis sa prime enfance, il avait pris l'habitude des déménagenents et des émigrations, et partout il retrouvait cette compagne affectueuse : la Misère.

Le Destin, qui avait son idée, ordonna que la famille Samson logeât rue de Malte, proche le boulevard du Temple, où il y avait maints théâtres et vingt parades en plein air. Des parades ? Que dis-je ! Des paradis plutôt ! Que voulez-vous que fasse un gamin qui n'a pas de métier, qui n'a pas le sou et que des parents trop pauvres ne peuvent envoyer au collège ? Il flane, il « déambule par les Trivies et les platées » attentif au spectacle de la rue, à celui des bonisseurs. Peu à peu, la vocation de comédien se déclarait : c'était le troisième stade d'une lente formation psychologique.

Les ridicules sont de tout temps : en 1807, les femmes

de lettres incomprises existaient déjà ; vingt ans plus tard, elles pullulèrent. Il y avait rue de Malte, dans la maison des Samson, une demoiselle de lettres, Mlle Leriche qui avait, on ne sait par quel miracle (car elle était laide) fait jouer un drame à l'Ambigu. Tout porte à supposer que cette demoiselle avait de l'argent et qu'elle en avait aidé un directeur embarrassé ; ces choses-là se sont vues en des années récentes ; le drame de Mlle Leriche avait connu un de ces insuccès qui ont presque la valeur d'un triomphe. Mais Mlle Leriche en était restée auréolée d'une gloire particulière ; elle devait à cet essai malheureux une autorité en matière de théâtre. Et ce fut à elle que l'on s'adressa pour avoir un conseil.

Le père Samson n'avait aucun préjugé contre le métier de comédien ; d'abord, il aimait le théâtre ; et puis il n'ignorait pas que certains artistes appréciés du public gagnaient des appointements de conseiller d'Etat. Mme Samson mère n'avait pas cette largeur d'esprit ; elle estimait que l'histrion était en bas de l'échelle sociale, puisque l'Eglise lui interdisait le repos en terre sainte. Elle souhaitait pour son fils un emploi fructueux, une sinécure ou une fonction ; et vous retrouverez plus tard, chez Samson, ce respect bourgeois de la fonction et du fonctionnaire.

Comment le père Samson se procura-t-il la brochure du drame éphémère auquel Mlle Leriche devait sa noblesse ? Nous ne le savons pas ; Joseph-Isidore apprit le principal rôle et le récita devant la vieille demoiselle, dont on attendait des conseils, certes, mais surtout une protection. Mlle Leriche fut prodigue de compliments et d'avis sagaces ; pour la protection, elle s'excusa et vous devinez pourquoi. Mme Samson triompha : « Hein ? Qu'est-ce que je vous avais prédit ? En êtes-vous plus riche ?... Joseph ne travaille pas ; il a quinze ans et il ne fait que traîner ses *queusses* dans la rue. Assez de bêtises ! Il est temps que ce garçon gagne sa vie ! » La raison eut le dessus, il fut décidé que le jeune Samson entrerait comme expéditionnaire dans un bureau de loterie dont la propriétaire, Mme M..., avait eu des difficultés. Le travail n'était pas bien dur, il s'agissait d'ouvrir le matin et de fermer le soir la devanture du bureau et de prendre les engagements des joueurs ; Joseph-Isidore, si précocement orné de lettres, si ambitieux de renommée, s'ennuya follement dans ce nouveau métier où il fallait embobiner une clientèle de cuisinières et de cousettes. Les mois qu'il passa derrière ce grillage furent les plus douloureux de son existence ; il commença par commettre mille bévues ; puis il s'accommoda de sa fonction, bien qu'il ne sût pas congrument discuter de la clef des songes avec les commères, clientes du bureau. Il lisait, lisait, lisait !

La tenancière du bureau, Mme M..., était une brave femme, qui prit en sympathie son étrange employé ; la passion que celui-ci montrait pour les choses du théâtre la toucha. Elle lui permit de prendre sur la caisse le prix des places que Samson n'aurait pu acquitter ; cela passa aux profits et pertes. Il est à croire que le commis n'abusa pas de cette générosité ; il avait de l'orgueil et du caractère.

Il nous raconte ses premières impressions ; vous les trouverez dans les *Mémoires* qui sont un livre fort amusant, mais que Samson laissa inachevé. Voilà un enseignement : il faut, le plus tôt qu'on peut, commencer ses mémoires ; encore n'est-on pas bien sûr de les pouvoir terminer.

Lorsqu'il alla pour la première fois au Théâtre-Français, il entendit dans la même soirée *Britannicus* et *Les deux Postes*, trois actes de Picard. Il ne nous cachera pas que la tragédie le laissa froid ; il spécifie qu'elle était mal jouée ; mais la pièce de Picard le transporta d'enthousiasme ; il étudia minutieusement le jeu de Fleury, qui était le grand sociétaire, professeur du Conservatoire.

Une autre soirée marqua dans sa mémoire : celle où il eut le bonheur d'entendre Mlle Mars et Baptiste cadet dans le *Philosophe*. Nous avons ainsi un aperçu des années d'apprentissage d'un grand comédien, dans le premier tiers du XIXe siècle. Une formation classique et populaire (le théâtre de drame et le boulevard, parades et théâtre du grand répertoire). Il faut le répéter, les jeunes espoirs n'avaient qu'une joie : aller entendre leurs glorieux aînés et s'instruire d'après leur exemple ; ce que l'on nommait la tradition s'est longtemps conservé, grâce à ce respect dont on se moque aujourd'hui. Maintenant, les jeunes artistes oublient qu'un mauvais comédien des Français peut ce nonobstant leur être utile ; il a conservé le souvenir des choses fixées par les grands acteurs disparus, lesquels les tenaient de leurs aînés. C'était ainsi que l'art du comédien se transmettait d'âge en âge, encore qu'il parût destiné à périr avec ceux qui l'avaient enrichi.

CHAPITRE III

LE DÉBUT DU ROMAN COMIQUE

Nous sommes en 1809 ; la famille Samson a vécu tant bien que mal et plutôt mal que bien. La sévère Mme Samson n'est pas revenue de ses préventions contre l'état d'histrion ; mais elle doit reconnaître que son fils n'a aucun avenir dans la loterie ! Elle n'en est pas encore au point d'autoriser la vocation du jeune homme ; toutefois elle la tolère.

Joseph-Isidore avait **seize** ans, il n'était point vilain, mais il n'avait pas un de ces physiques de théâtre qui demeurent célèbres ; il était menu, grêle, malingre parce que mal nourri ; les yeux petits étaient malicieux, le nez était minuscule et trompettoïdal ; plus tard Dumas dira : « Je ne sais comment Samson s'y prend pour parler du nez, vu qu'il n'en a pas ! »

Or, Joseph-Isidore dans cette gaîne de comique logeait une âme passionnée de **tragédie** ! Et il le fit bien voir, par la suite ; autre contradiction : cet émule des héros était paralysé par une timidité folle, incomparable, sans exemple !... Et tous les grands acteurs que j'ai connus se plaignaient de ce trac ; Baron, le grand Baron de Meilhac et Halévy, l'artiste le plus aimé des Parisiens, ressentait cette peur stupide, physique ; lorsque j'eus l'honneur de l'avoir pour interprète, dans *Mademoiselle Georges*, il était au point culminant de sa carrière ; pourtant il ressentait toujours les atteintes du trac ! Et sa peur se manifestait de telle façon que son habilleur devait le suivre avec une boîte au lait !...

L'acteur qui dit : « Moi, je n'ai pas le trac ! » ment, ou bien c'est un médiocre acteur.

Cette timidité atroce, incoercible, fut le cauchemar de Samson ; il ne put jamais s'en débarrasser complètement ; dans ses *Mémoires* (aujourd'hui introuvables) il ne cesse de se lamenter. Il dit : « Chacun de mes débuts fut un supplice, et j'étais toujours inférieur à moi-même. » Je ne vous donne pas les mots exacts, mais le sens d'une phrase qui revient toutes les dix pages. Notez que Samson fut, par la suite, professeur, et un professeur splendide ; il ne put jamais apprendre à ses élèves le truc de l'assurance. Lorsqu'un de ses préférés débutait au Théâtre Français, l'éminent sociétaire tenait à honneur de lui donner la réplique. Alors Samson avait deux raisons d'éprouver ce terrible trac : pour son élève et pour lui ! Attentif à surveiller son poulain, à lui donner confiance, il perdait pied, bafouillait. Et les folliculaires de dire le lendemain : « Dieu que M. Samson a été mauvais hier ! »

Le plus drôle, c'est que Samson était de leur avis ; ce remarquable comédien, qui marqua certains rôles de son empreinte, acceptait les critiques les plus méchantes, mais il ne permettait aucune atteinte à sa dignité de professeur. En cela, sa physionomie est tout à fait originale.

Pour calmer les derniers soubresauts de Mme Samson il fut convenu que l'on consulterait un oracle : Mlle Bréville, professeur d'un tas de choses dans une école de filles, mais qui passait pour avoir des lumières spéciales sur l'art dramatique. Nous ne savons pas ce que pensa cette Bréville, lorsqu'elle vit ce petit garçon à tête simiesque, couronnée d'une tignasse insolite!... Joseph-Isidore avait une chevelure pareille à celle de « l'Hérissé », personnage d'une affiche célèbre il y a cinquante ans. Cette chevelure glorieuse, il la conserva jusque dans sa vieillesse ainsi qu'en font foi les caricatures.

Mlle Bréville écouta le jeune garçon qui récita les alexandrins tragiques ; ainsi que doivent le faire tous les conseilleurs, elle donna justement l'avis de ceux qui venaient lui demander le sien ; c'était le seul moyen de se débarrasser de ces gêneurs. Mlle Berville déclara que le jeune Joseph-Isidore était apte à se présenter au Conservatoire. Il fallait encore d'autres références ; grâce à l'amitié d'un sieur Coupigny, l'héritier des Samson fut présenté à Michelot, qui avait une situation au

SAMSON
par PERIGNON (1848)
MUSÉE DE LA COMÉDIE-FRANÇAISE

Théâtre-Français, et par là-même possédait quelque influence sur les professeurs du Conservatoire. De tout temps, les professeurs ont eu voix prépondérante à l'examen d'admission.

Selon moi, c'est un abus dangereux et j'en parle en connaissance de cause, puisque j'ai fait partie des jurys d'admission. Je ne suspecte pas la probité de maîtres que l'on ne saurait acheter avec des cachets, mais j'incrimine leur faiblesse et leur bonté. Avant l'examen, ils ont choisi leurs élèves et ne s'en laisseront pas imposer d'autres. Après tout, ils ont quelques raisons d'agir ainsi, puisqu'ils sont peu payés et qu'ils auront plus tard tout le mal !

La protection de Michelot fut toute-puissante, encore que Samson, au concours d'admission, fût étranglé par sa congénitale timidité. Il fut admis, et Mme Samson fit amende honorable.

Le Conservatoire était tout ce qui restait de l'ancien Théâtre des Menus-Plaisirs du Roi ; supprimé, puis rétabli, il n'avait pas à proprement parler d'existence officielle et pouvait être de nouveau supprimé. La classe de déclamation dramatique avait quatre professeurs titulaires : Fleury, Talma, Lafon et Baptiste aîné. Tous les élèves eussent voulu être sous les ordres directs du grand Talma ! Mais il en fallait pour les trois autres classes. Du reste, nous verrons que Talma laissait sa porte entr'ouverte aux meilleurs élèves des classes concurrentes. Fleury était un comique élégant, fin, un des meilleurs sociétaires de la Comédie-Française ; Baptiste aîné avait un comique plus marqué et plus puissant, mais aussi plus commun. Il se trouva que Joseph Isidore dut entrer dans la classe de Lafon.

Ce Lafon n'était pas à mépriser ! Il était bel homme, il ne manquait pas d'intelligence, il avait une très belle voix et il aurait eu une carrière splendide, s'il n'y avait pas eu Talma !...

Or, Lafon jouait le même emploi que Talma, ce qui était jouer de malheur, convenez-en ! Si Lafon avait été seul, il n'aurait pas eu la vie un peu mesquine et douloureuse qu'il traîna. Certes, l'envie n'est pas un péché d'artiste ; et Talma rendait à Lekain une justice éclatante, et d'autant plus éclatante que Lekain était mort. Mais Talma n'étant pas mort, Lafon souffrait de n'être qu'un sous-Talma ; ne vous en étonnez pas !... Plus tard, Samson souffrira de n'être qu'un sous-Monrose ! Notre chant national dit : « Nous entrerons dans la carrière quand nos aînés n'y seront plus ! » Par malheur, il y a des aînés qui ont la vie dure et des cadets qui ont les dents longues !

Lafon aurait peut-être eu du génie, si Talma n'avait accaparé tout le génie ; Lafon était beau, mais Talma était plus beau ; Lafon était noble, mais Talma était impérial ; Lafon avait une bonne voix, mais Talma avait la plus belle voix du monde ; Lafon avait du succès, mais Talma avait des triomphes. Bref, Lafon n'était pas un raté, mais ce n'était qu'un *demi-réussi*. Aussi bien les critiques contemporains lui reprochaient-ils de « chanter les vers » plutôt que de les dire. Là, nous touchons à une question très grave : faut-il dire les vers ? ou faut-il les chanter ? Comme le problème a été posé il y a plusieurs siècles, et qu'il n'est pas encore résolu, nous ne nous attarderons pas à le discuter.

Voilà Joseph-Isidore élève du Conservatoire. En 1809 ce titre était déjà très envié ; nous admettons encore que les écoles officielles mènent à toutes les gloires. On a pu retrouver les notes qui accompagnèrent la réception de M. Samson, futur sociétaire et doyen du Théâtre-Français : « Voix trop faible, corps trop grêle, nez retroussé ». Ajoutez à cela un manque d'autorité et aussi un manque d'expression. Par exemple, une mémoire imperturbable et une diction nette ; il suffit de voir cette bouche mince et railleuse, ce menton pointu, et vous êtes renseigné.

Nous l'avons dit, Lafon n'était pas un sot. Lorsqu'il reçut cet élève, il le toisa et jugea : « Mon petit, tu n'es pas fait pour la tragédie ; voilà ta voie : grimes, rôles à manteau, pères raisonneurs ! » Cette journée décisive dut être douloureuse au pauvre garçon qui n'avait jamais connu le rire et qui ambitionnait d'être un demi-dieu !... Répétons-le : c'était une âme de héros dans un corps de valet ; plus tard, n'ayant pu jouer les héros, il jouera les marquis, cela voisine !

Mais la déception était grande ; rentré chez lui, Samson se regarda dans la glace, vit son petit nez « en praline sucée » et s'avoua qu'il n'avait rien de tragique dans la physionomie. Il avait, avant tout, du bon sens, il se soumit. Après tout, il avait réalisé une partie de son rêve, puisqu'il était comédien ! Le bon Michelot pansa les blessures d'amour-propre et fit travailler son protégé ; il parvint à vaincre, en partie, la terrible timidité.

Les amitiés de collège ont une force naturelle, et le Conservatoire était un petit collège ; il y avait alors deux *sujets* merveilleusement doués ; l'un était un beau garçon, tragédien, du nom de Raymond ; son concours d'admission avait laissé les jurés pantois. Et Talma avait réclamé d'autorité cet élève prestigieux en qui il se sentait revivre. Ce Raymond qui mourut prématurément, avait tout pour lui ; et c'est peut-être pour cela qu'il n'a pas fait de vieux os. Talma le considérait comme son fils et il le pleura, lui, le grand maître égoïste !

L'autre sujet était un grand garçon efflanqué, au profil creusé ; il était maigre et maladroit, mais il y avait en lui une force de comique digne de celle qui illustra Brunet et Potier. Ce Perlet était, personnellement, d'une drôlerie intarissable ; il faisait rire ses camarades, son professeur, les passants ; on ne lui résistait pas.

Sa bonne humeur bravait la misère ; plus tard, lorsqu'il amusa tout Paris avec l'étrange figure du *Gastronome sans argent*, les spectateurs ne soupçonnèrent pas que le fameux Perlet raillait la misère de sa jeunesse. Joseph-Isidore se trouvait à mi-chemin entre deux extrêmes ; c'est pour cela qu'il leur servit de trait d'union ; Raymond représentait ses ambitions déçues ; Perlet avait les dons comiques dont le fils Samson était privé.

Ces trois amis formèrent un triumvirat, qui fut bientôt célèbre ; ils étaient tous les trois jeunes, pauvres et ambitieux ; j'ai entendu naguère ce mot redoutable, proféré par mon ami Brémond : « Ce qui fait l'infériorité des comédiens actuels, c'est qu'on ne meurt plus de faim ! »

Samson et ses amis étaient à court de pécune et mangeaient souvent par cœur ; mais ils vivaient d'enthousiasme. Le dimanche, il y avait au Conservatoire des exercices publics ; M. Rabaud, l'actuel directeur, a tenté de les remettre en honneur. A l'époque où Samson faisait ses études, il était interdit à un élève de jouer au dehors ; aujourd'hui, le moindre élève gagne sa vie dans les caboulots — on ne meurt plus de faim !

Ces exercices hebdomadaires attiraient du public ; Samson, qui fut toujours véridique, déclare que ses amis Raymond et Perlet avaient déjà l'oreille des spectateurs ; il ne venait, lui, qu'en troisième et il ne faut en accuser que cette fâcheuse timidité. Mais la troisième place n'est pas à dédaigner ! Du reste, **Perlet**, qui avait des dons merveilleux, ne fit rien au Français et bifurqua vers les scènes comiques, où il acquit honneur et argent.

Ces trois élèves, qui avaient la passion de leur futur métier, allaient de cours en cours ; détail assez étrange : Samson, mal apprécié de ses autres professeurs, fut fort bien accueilli par Talma, qui avait discerné les possibilités d'un talent obstiné et têtu. Le grand maître attirait ce jeune comique à son cours, lui parlait, l'interrogeait, tandis que Baptiste aîné n'avait que des sarcasmes pour le comique réticent.

Ce Talma était un devineur d'hommes ; il reçut le petit Samson chez lui, avec ses élèves ; les leçons que le futur auteur de l'*Art Théâtral* prit là devaient dépasser en intérêt l'enseignement courant du Conservatoire. Quand vous lisez les préceptes de Samson, vous entendez l'écho de la voix de Talma, qui recommandait à ses élèves : « Ménagez-vous ! » Depuis cent ans déjà, il y avait deux écoles : celle du « tempérament débridé » et celle du « tempérament bridé ». Après Lekain, Talma s'était décidé pour la seconde école, la plus scientifique et par conséquent la meilleure. Samson recueillit pieusement ces préceptes, qui convenaient d'ailleurs à sa froideur naturelle. Il a laissé, des entrevues avec Talma, quelques tableaux pittoresques.

Sur ces entrefaites, Mme Samson mère mourut ;

elle s'était exténuée à vivre pour les autres. Joseph-Isidore comprit alors ce que cette mère avait été pour lui, et il regretta de ne l'avoir pas mieux appréciée. Le papa Samson fut triste, aussi ; mais cet homme d'action ne s'attarda pas dans la douleur ; il se remaria deux fois ! Une fois, passe encore ! Mais deux !... Joseph-Isidore, bien qu'il aimât tendrement son auteur, ne put accepter ce manquement au souvenir ; il ne rompit pas avec M. Samson père, mais il battit froid à sa belle-mère, qui n'en souffrit pas autrement. Le jeune espoir du Conservatoire continuait ses études, il gagnait peu à peu la première place.

Une catastrophe subite : Napoléon Ier avait besoin d'hommes et ramassait tous les conscrits, riches ou pauvres. Et la conscription, c'était un laps de sept années perdues ! Il fallut que le père Samson fît appel à toutes ses relations pour obtenir un sursis d'un an. C'était assez difficile; quoique bien noté, Joseph-Isidore n'occupait pas la première place ; il avança lentement, un second délai fut obtenu juste à temps !... Encore un an et c'est l'époque fatale, il faut partir !...

Ici se place une histoire si belle, que j'ai peine à l'admettre pour vraie, et j'ai tort. Les témoins les plus sérieux se portent garants de sa véracité. Joseph-Isidore allait partir pour le régiment, c'était couru. S'il avait eu le premier prix de comédie, qui comportait l'exemption, il était sauvé ; ce premier prix comptait parmi les distinctions honorifiques et enviées qui arrachaient quelques innocents au massacre.

Samson n'était pas plus pusillanime qu'un autre ; il calculait seulement que sept années sous les drapeaux ruineraient ses espérances, et il ne lui était pas permis de compter sur le premier prix. Adrien Perlet était déjà désigné. Son comique généreux triomphait aisément du comique laborieux, pincé, dont Samson était le représentant.

En 1812, l'amitié était presque une religion et les pièces du temps l'attestent ; les sentiments étaient cornéliens. Perlet n'hésita pas à sacrifier son ambition sur l'autel de l'amitié. Le jour du concours, il se fit porter malade et Samson eut son premier prix de comédie.

Ce qui rend ce dévouement plus particulièrement admirable, c'est qu'il fut en définitive inutile ! Par suite d'on ne sait quelles chinoiseries, Samson devait partir quand même ! Or, il se trouva que le 15 octobre 1812 Napoléon, qui n'avait rien de mieux à faire à Moscou, réorganisa du même coup la Comédie-Française et le Conservatoire. Il créa dix-huit pensions pour les élèves de déclamation, neuf pour les hommes et neuf pour les femmes ! Samson, admis pensionnaire, était sauvé ! Sa situation était assez bizarre : premier prix, il aurait dû quitter l'Ecole.

A la vérité, le décret de Moscou instituait une classe intermédiaire, celle des élèves-moniteurs, qui se perfectionnaient en enseignant les autres ; l'Etat permettait ainsi aux meilleurs artistes de travailler durant quelques années, sans avoir besoin de caboliner. Les deux années que Samson passa au Conservatoire ne furent pas perdues. En 1813 Perlet remporta, haut la main, son permier prix de comédie, qui ne devait d'ailleurs lui être d'aucune utilité ; Perlet ne joua le classique qu'en province et pour son plaisir.

Il n'en a pas moins inscrit un nom dans les annales des comédiens. On a dit, et Samson l'a répété, que l'art du comédien était illusoire, puisqu'il ne laissait pas de traces et qu'il mourait avec l'artiste ! Laissez-moi rire !... Durant sa vie, le comédien est l'objet d'une attention continuelle ; il est photographié, interviewé, biographié, à chaque minute ; sa renommée s'éparpille dans les critiques et courriers de théâtre ; l'iconographie de Samson comporte au moins dix portraits, lithographies, gravures et charges ; et ce n'est que le tiers de ce qu'un chercheur pourrait recueillir. Les articles sur Samson formeraient une bibliothèque. Après cela, trouvez-vous que l'art du comédien disparaisse si vite ? La Thorillière a laissé une trace ! Et le nom de Roscius a survécu, tandis que les Augustules sombraient dans l'oubli.

Au concours de 1813, Raymond, qui avait remporté le premier prix de tragédie l'année précédente, eut le deuxième prix de comédie ; Joseph-Isidore se réjouit sans arrière-pensée. Il était presque heureux, il avait de quoi manger. L'obsession de la misère faisait trêve.

Un proverbe arabe dit : « On ne s'assied pas longtemps dans le bonheur ! » Samson avait compté sans Napoléon : 1814 ! Le jeune pensionnaire du Conservatoire qui n'avait pas aimé l'usurpateur, quoiqu'il en eût reçu des bienfaits, se réveilla farouche patriote. L'ennemi était à nos portes, il fallait l'affronter !... Le récit des tentatives généreuses que Samson effectua pour chasser les Alliés est comique et presque touchant. Cela se termine par une débandade et les Alliés entrent tout de même !...

Derrière les Alliés arrivait la misère au dos verdâtre !... Le traitement des pensionnaires fut supprimé et le Conservatoire réduit à la portion congrue. Joseph-Isidore est sur le pavé. Il a perdu de vue son père, il est seul, sans ressources. Que faire ?

Il s'adresse à son vieil ami, l'excellent Michelot, qui lui procure quelques leçons ; vous figurez-vous ce professeur de vingt-deux ans, qui en paraissait dix-huit et qui n'était guère commode ! Il détestait l'élève amateur, le désœuvré qui joue au connaisseur. Le petit bonhomme chevelu avait du sang sous la peau, il ne permettait pas que l'on avilît son art.

Le seul élève notoire qu'il ait formé fut un avocat, Mauguin, qui fut plus tard ministre. Beaucoup de grands avocats et de grands parlementaires ont suivi l'exemple donné par Mauguin, et ont demandé des leçons à un acteur. Le moindre conférencier vous dira que sa profession s'apparente à celle du comédien et que l'art d'articuler, de placer la voix, de prendre le public est justement celui du comédien ; Samson fut un conférencier sans égal, parce qu'il était un comédien intelligent. Retournez la proposition et vous avez Jean Richepin.

Tant bien que mal, le premier prix de comédie passe les durs mois de la Restauration, des Cent jours, puis de la Seconde Restauration ; il courut le cachet et la leçon ; son père l'aidait un peu. Un garçon de vingt ans se débrouille toujours !... La condition du premier prix était assez difficile, il n'avait pas de droit à l'entrée dans les subventionnés ! Il ne possédait qu'un titre ; à lui de s'en servir au mieux de ses intérêts ! Tandis que nos premiers prix sont déjà fonctionnaires, ceux de 1814 n'étaient que surnuméraires ; leur dignité ne leur donnait pas accès au Théâtre-Français !...

Ajoutez à cela une heureuse folie de jeunesse ; dans la classe de Fleury, Joseph-Isidore avait lié amitié avec une jeune élève, délicieusement jolie, Mlle Thérèse X... En 1814, les élèves femmes avaient des principes, et Samson, qui avait aussi des principes, ne demanda pas mieux que d'épouser sa camarade, la petite Agnès du cours Fleury ! Elle avait dix-huit ans, et lui en avait vingt-deux ! Mlle Thérèse avait-elle des dons particuliers pour le théâtre ? Elle l'affirme ; ce nonobstant, elle sacrifia son avenir artistique, dès qu'elle fut Mme J.-I. Samson ; elle fut une mère de famille accomplie et une associée ; elle veilla sur le renom de son époux avec une piété exemplaire. Vous observerez que les meilleurs ménages se rencontrent dans le monde illusoire du théâtre !

Joseph-Isidore épousa la petite Agnès du cours Fleury le 15 novembre 1815.

CHAPITRE IV

AUTRES ANNÉES D'AVENTURES

Le lendemain, à cinq heures du matin, M. et Mme Samson prenaient la diligence pour Dijon, où les appelait un engagement ; ils devaient aussi « faire Besançon ». Ce n'était pas tout à fait la *tournée* de nos jours, mais cela y ressemblait quelque peu. Songez que le jeune ménage n'avait pas un sou vaillant et que, par surcroît, le jour du départ, le mari avait égaré un louis d'or, la moitié du pécule de voyage !

En pareil cas, l'insouciance est de rigueur, la belle insouciance traditionnelle de la jeunesse ; tous les gens qui ont été jeunes — et il y en a pas mal ! — vous diront qu'ils n'ont pas été si insouciants que ça ! La jeunesse est une dure géhenne ; au demeurant, il n'y a d'insouciants que les vieillards nantis, qui se donnent par surcroît le luxe de regretter leur jeunesse ; Joseph-Isidore et Thérèse eurent un pénible voyage de noces. Ils débarquèrent dans une ville hostile, mal disposée pour le théâtre ; il y avait d'excellents éléments dans la troupe et notamment un acteur ironique, nommé Valmore et qui était le beau-père de Mme Desbordes-Valmore. Ce vieux raté, père d'une poétesse, dut avoir une influence sur son jeune camarade ; sinon, Samson ne l'aurait pas mentionné élogieusement.

La troupe végétait, les Dijonnais ne montraient aucune prédilection pour la tragédie ni pour la comédie ; l'impresario allait faire faillite, lorsque Mme Saqui, envoyée par la Providence, se présenta ; Mme Saqui fut la reine des Funambules : elle dansait sur la corde, avec une légèreté inimitable ; elle ne connut pas la vieillesse, parce qu'elle garda ses forces et sa grâce. Banville lui consacra ces vers :

> Danser, danser toujours, tel Madame Saqui,
> O Lune ! O Muse ! c'est ça qui
> Me fait verdir comme de l'herbe !

J. Lemaître aimait ces vers. Mme Saqui n'était plus très jeune et parcourait la province ; arrivant à Dijon, elle trouva le meilleur théâtre occupé par la troupe de comédie ; femme d'affaires, elle proposa au jeune directeur intérimaire un marché : « Vous assurez la moitié du spectacle, moi, je fournis l'autre et nous partageons les bénéfices ? »

Samson d'abord se rebella : associer l'art à la foire ! Fi !... Mais l'impresario lui fit entendre raison. Mme Saqui fit remonter les recettes ; et Samson n'insista pas !...

A Besançon, la troupe de Dijon lia de nouveau alliance avec la danseuse de corde, au mieux de tous les intérêts. Il y a un grand enseignement dans cette anecdote ! Elle prouve qu'une danseuse de corde peut faire plus d'argent que Marivaux !

Samson avait un grand besoin d'argent ; il ne pouvait plus compter sur sa femme, qui avait quitté l'emploi des Agnès pour celui des mères de famille et qui avait obtenu sa résiliation (elle avait été engagée au Théâtre de Strasbourg). Il fallut rentrer à Paris, par une voiture d'occasion ; lugubre « Roman Comique » dont Samson nous retrace les détails. A l'arrivée, il apprend la mort de l'ami Raymond, et c'est un peu du récent passé qui s'en va ; Perlet, en tournée à Londres, n'a pas pu assister aux derniers moments du fidèle camarade !

Il faut vivre, et Paris reste toujours fermé aux jeunes gloires. Samson court les agences, les « correspondants » en quête d'un engagement. La mère de Thérèse l'a recueillie, le mari est donc libre ; la misère, cette Erinnye attachée à la famille, poursuit le malheureux. Il accepterait n'importe quoi ; un correspondant lui écrit : « Un tel vient d'être sifflé à Rouen ; c'est le troisième depuis le commencement de l'année, voulez-vous prendre sa place ? »

On n'ergote pas avec la faim. Samson accepte ; il s'agit de 3.600 francs par an !... Il quitte sa femme et part tout seul vers l'inconnu. Le théâtre en province, vous ne savez pas ce que c'était ! Certaines villes étaient réputées pour leur mauvaise humeur ; Marseille et Toulouse passaient pour l'enfer des chanteurs et des chanteuses. Rouen était la terreur des comédiens !

La férocité de la province, en ces temps lointains : le snob, qui voulait se donner l'autorité d'un connaisseur, se montrait impitoyable pour le pauvre débutant.

Il avait trois manières de manifester sa désapprobation : le «silence glacial» qui paralyse l'acteur, mais ne le décourage pas tout à fait ; puis venait le *chut* ! qui faisait taire les pauvres applaudissements, de complaisance ou de pitié ; enfin, le sifflet, l'horrible sifflet, plus pernicieux pour l'Oreste d'occasion que les serpents des Bonnes Déesses.

Le Rouennais avait une réputation de rosserie bien établie ; la ville de Rouen, pluvieuse, triste, n'offrait aucun agrément ; aussi les pauvres cabots en quête d'engagement ne s'y rendaient qu'à contre-cœur ; il est juste de dire qu'ils ne tardaient pas à la quitter.

Il fallait manger ; Samson n'hésita plus et, comme son glorieux ancêtre, il alla s'offrir en pâture aux Philistins. Il eut la prudence de partir seul et de laisser Thérèse chez sa mère ; cette précaution indiquait qu'il ne se faisait aucune illusion sur le sort qui lui était réservé. Il attendait le désastre ; mais il risquait tout de même le coup ; les directeurs des deux théâtres rouennais lui assuraient 3.600 francs par an.

SAMSON
par L. NOEL
(1833)

Ces deux directeurs, Corréard et Granger, étaient comme il sied deux anciens comédiens, qui avaient eu en province leur heure de célébrité. Corréard jouait fort bien les Crispin ; Granger avait été un père noble de grande classe, et c'étaient deux braves bourgeois qui aimaient leur métier.

La décadence du théâtre en province a chassé peu à peu les types de cette espèce, et c'est grand dommage. Corréard et Granger administraient deux salles, l'une vaste, le Théâtre des Arts, et l'autre de dimensions plus restreintes, le Théâtre du Vieux Marché. Le samedi et le dimanche, jours pleins, la troupe régulière allait jouer au Vieux Marché, tandis que la musique faisait salle comble aux Arts. De temps en temps Granger, que Samson estimait comme l'égal de Fleury, donnait un coup de main. Bref cela se passait en famille.

Samson ne fut pas très rassuré ; sa timidité allait-elle encore lui jouer un de ses tours effroyables ? Il était d'humeur pessimiste, ce qui n'est pas fait pour assurer le succès. Croire en soi, c'est la seule façon d'obliger les autres à croire en vous.

Il fallait trois débuts pour être admis. Le premier début fut passable ; les fâcheux *chut* ! arrêtèrent les tentatives d'applaudissements.

Samson se crut perdu et envoya une lettre désolée à Thérèse ; celle-ci lui répondit : « Tu te trompes ! J'ai vu ton correspondant, qui a reçu une lettre de ton directeur, il paraît que ça va ! » (Je cite cette lettre de souvenir, car le livre de Samson est épuisé ; M. Albin Michel, acquéreur des droits, me dit qu'il ne reste plus un exemplaire des *Mémoires*.)

La lettre de Thérèse rassura un peu Samson ; son deuxième début fut meilleur ; certes, il n'alla pas jusqu'au triomphe, mais le méchant Rouennais était vaincu, il appréciait un art fait de travail et d'intelligence.

Au troisième début, Samson fut définitivement admis. Il tient son public et il ne le lâchera plus ; il ne dépendait que de lui de faire une fructueuse et brillante carrière à Rouen ; ce public de province, quand il a pris quelqu'un en amitié, lui demeure fidèle durant des années.

Samson rassuré, fit venir sa femme et s'installa comme s'il eût dû terminer sa carrière en Normandie. Il était désormais tranquille, il lui suffisait d'entrer en scène pour susciter les applaudissements. Un autre eût complaisamment glissé jusqu'à la paresse ; mais Joseph-Isidore savait bien qu'il n'avait pas achevé son arabesque.

Pour les médiocres, la province est un éteignoir, pour les tempéraments supérieurs, elle est une épreuve profitable. Samson ne se permettait aucune distraction ; il était, en quelque sorte, administrateur des deux théâtres, suppléait à ses directeurs, mettait en scène, et se multipliait. Cette conscience scrupuleuse, vous la retrouverez dans tous les actes de Samson ; quand il entreprend une tâche, il s'y dévoue complètement et d'une façon toute désintéressée.

Lorsque Mlle Mars vint jouer à Rouen, elle pria Samson de lui donner la réplique ; la renommée du jeune comédien grandissait peu à peu. Et Mlle Mars fut enchantée de cette rencontre ; rentrée à Paris, elle dit au foyer de la Comédie : « Il se trouve à Rouen un certain Samson qui m'a vivement intéressée, il faudra surveiller ce garçon ! »

Pour l'instant, Joseph-Isidore cueillait le jour ; le dimanche, il allait pêcher et se baigner ; il déjeunait dans l'île Elie, avec sa femme et leur amie, Mme Perrin, une comédienne qui avait du talent et qui mourut prématurément. Ces trois années de travail et d'insouciance furent les meilleures ; il vaut décidément mieux être le premier à Rouen que le second dans Rome !

Un incident bouleversa cette quiétude. Samson était à bout d'engagement et ne songeait qu'à renouveler son traité. Un soir, le sieur Leroux se présenta dans la loge du Le Bargy de Rouen et lui dit : « Monsieur, vous ne me connaissez pas ? Je suis M. Leroux, caissier de l'Odéon ; mon directeur et ami, M. Picard, l'illustre auteur, m'a envoyé céans pour vous faire des propositions honnêtes. Il vous offre le sociétariat et vous assure huit mille francs pour la première année ; vous aurez peu à peu les dix mille ; en ce moment, l'Odéon ayant été détruit par un incendie, nous jouons provisoirement salle Favart ; mais l'autre salle est en reconstruction, vous ne tarderez pas à triompher au Luxembourg ! »

L'histoire de la troupe de l'Odéon est assez curieuse ; en 1818, elle s'était constituée sur le modèle de celle de la Comédie, avec sociétariat, participation aux bénéfices. Mais les pouvoirs de l'administrateur étaient plus étendus. Il y avait pourtant un comité de lecture, mais il y entrait trois académiciens. Ces conseilleurs n'étaient pas des payeurs, ils avaient une influence fort utile. La Comédie-Française aurait profit à reprendre ce système.

Un cas de conscience se posait pour Joseph-Isidore : Paris, c'était bien tentant ! Mais Corréard avait été un patron délicieux ; et Rouen adorait maintenant Samson. Que faire ? « Tout homme a dans sa vie une occasion de faire fortune, me disait un grand américain, s'il la manque, il est perdu ! »

Samson était perplexe : d'autre part, Corréard était tout prêt aux pires sacrifices ; en sous-main, il offrait 6.000 francs, plus peut-être. Mettez-vous à sa place. Samson avait dompté la cabale, et il était désormais ce que les Italiens nomment un « Capocomico ». Il faudrait retrouver l'équivalent de ce pensionnaire ! Où ? Corréard n'avait pas l'âme d'un mercanti ; il avait raté sa carrière, tout en réussissant sa fortune. En souvenir de ses déboires, il consentit à rendre la liberté au pensionnaire ingrat.

Il fut convenu : 1º que Samson irait débuter salle Favart ; 2º qu'il reviendrait terminer son engagement à Rouen ; 3º qu'il resterait définitivement à Paris, pour ouvrir la nouvelle salle de l'Odéon.

Ce programme subit par la suite quelques altérations. Samson débuta, salle Favart, dans le rôle de Dubois, des *Fausses confidences* ; règle générale, il débutait presque toujours dans ce rôle, qui lui avait porté bonheur.

Une fois de plus, la timidité fit des siennes ; la critique ne signala pas un génie. Samson, en tant que comédien, fut rarement complimenté par la critique à laquelle il n'était pas sympathique ; son emploi, la nature ironique de son talent, son dédain de l'intrigue le rendaient suspect à des experts, qui disposaient alors d'une puissance singulière et dont les jugements étaient sans appel ; parmi ces juges, il y avait quelques prévaricateurs ; ce fut la belle époque des pirates du feuilleton. Samson eut avec l'un d'eux quelques démêlés qu'il narre complaisamment. Nous apprenons ainsi que le grand Talma lui-même crachait au bassinet ; Samson se borna doucement à fredonner l'air du *Billet de loterie* : « Non, non, je ne veux pas chanter ! »

Ces débuts contestés ne troublèrent pas Picard, qui avait jugé son homme. Samson, après avoir pris langue, revint à Rouen, ainsi qu'il avait été convenu. Il fut acclamé ; ces funestes Rouennais qui l'avaient jadis accueilli

si froidement, ne voulaient plus le laisser partir !...
Par billets jetés sur la scène, ils le suppliaient de rester,
ou tout au moins de revenir. Tantes et quantes fois que
Samson reviendra en Normandie, il sera sûr de faire
salle comble.

En avril, Joseph-Isidore arrive à Paris et se loge rue
Crébillon, près de l'Odéon ; mais il était à prévoir que
les entrepreneurs, suivant leur coutume ne seraient pas
prêts ; Samson avait eu le soin de spécifier, dans son
engagement, qu'il serait payé « dès son entrée » et Picard
s'exécuta.

Le futur pensionnaire de l'Odéon n'entendait pas
rester cinq mois les bras croisés ; il se trouvait que
Corréard avait besoin de Samson ; celui-ci revint à
Rouen « par faveur ». Et son succès dépassa ses succès
précédents. Le public est femme, il n'apprécie les
hommes qu'au moment où il va les perdre.

Le 30 septembre 1819, la nouvelle salle de l'Odéon
ouvre ses portes : Samson joue le petit rôle d'Ergaste,
dans l'*Ecole des Maris*.

CHAPITRE V

ANNÉES D'ODÉON

Il nous est facile de reconstituer l'Odéon, en 1819.
Le fabuleux théâtre a toujours été une espèce de radeau
de la Méduse, où les capitaines successifs ont fait des
prodiges.

Picard, ancien comédien, auteur dramatique char-
mant (il fut le véritable créateur du vaudeville), académicien, était devenu directeur de la Compagnie de
l'Odéon, désigné par le ministre. Ce Picard était la crème
des hommes, il n'avait rien de l'autocrate.

Mme Picard avait toutes les qualités de la ménagère ;
on invitait le semainier à déjeuner, le samedi. Tout se
passait en famille. Seulement, il y avait des moments
durs !... Le public ne se sentait pas attiré dans ces soli-
tudes désolées. Il fallait des aubaines pour forcer la curio-
sité ; aussi, les fins de mois étaient-elles pénibles. La
deuxième année, Samson fut nommé sociétaire ! Amère
plaisanterie, que celle qui consiste à vous nommer
participant d'une société qui ne distribue pas de divi-
dendes !

Sociétaire, Samson eut le droit à la création ; justement, Casimir Delavigne, vexé d'avoir subi un échec à la Comédie, lança son pamphlet : « *Les Comédiens !* » que Picard accueillit ; Scribe consentit à écrire un prologue.

Samson participa aux deux distributions ; cette année 1820 fut assez prospère ; elle ramena quelques Parisiens en ces lointains parages. Samson nous décrit ses camarades : Joanny, le faux génie, et Provost, un comédien raffiné, selon le cœur de notre héros. Joanny travaillait la tragédie, il n'eut du génie que le jour où une extinction de voix le contraignit à discipliner son « gueuloir ». Alors, il put jouer avec mesure et fut génial ; le lendemain, il se remit à hurler et fut lamentable !

Avec Provost, Samson lia une solide amitié, qui ne fut jamais troublée. Ces comédiens supérieurs et sages devaient se retrouver à la Comédie-Française. Le brave Perlet n'avait pas abandonné son ami ; mais Perlet ne suivait pas la route académique ! Il avait des succès fructueux au Vaudeville, au Gymnase ; l'ancien lauréat du Conservatoire faisait fortune et touchait des cachets fabuleux ; il n'en restait pas moins attaché à son camarade du Conservatoire ; entre deux voyages à Londres, Perlet venait prendre ses repas chez les Samson, qui avaient l'hospitalité large.

Joseph-Isidore a toujours conservé un respect craintif pour ce comique puissant, dont le tempérament lui faisait envie et qu'il étudiait sans cesse. La personnalité de Samson fut ainsi accrue de mille observations ; ce n'était pas un plagiaire, c'était surtout un homme avisé, qui ne laissait rien perdre. Sa mémoire enregistrait les moindres gestes, les intonations heureuses, les trouvailles de mise en scène, les idées nouvelles. Et tout cela était filtré par le bon sens, ce don bourgeois qui permet aux médiocres de digérer le génie, et aux talents de se développer librement.

Samson, sociétaire, n'avait pas tardé à prendre place au Conseil d'Administration, ainsi qu'au Comité de Lecture. A son insu, il s'entraînait pour la Comédie-Française !... Ces séances, il nous en a laissé la description ; le bon Leroux lisait son bilan, d'où il appérait que l'on était en perte ; après quoi, Picard reprenait les chiffres, bousculait la comptabilité et arrivait à trouver quelques sommes disponibles. Les comédiens de la Méduse trouvaient un morceau de pain.

A ce métier, le pauvre Picard s'usa vite ; il était d'ailleurs très attaqué par une certaine presse, qui ne lui laissait aucun répit : on le critiquait dans son œuvre, dans sa gestion directoriale et jusque dans sa vie privée ! Les chefs hiérarchiques se laissaient influencer par ces perfides attaques, et Picard n'avait pas la patience de supporter les mercuriales.

Un bonheur survint : « *Le Voyage à Dieppe* », de Wafflard et Fulgence, attira tout Paris et remplit la caisse ;

une fois de plus, le vaudeville sauvait le temple de la tragédie ; reprenez l'histoire de cette maison carrée, et vous verrez que le sanctuaire de l'art classique n'a vécu que grâce aux subsides procurés par le vaudeville ! Et cela venge un peu ces pauvres amuseurs que les esthètes traînent dans la boue.

Picard, dégoûté, s'en alla et céda la place à Gentil, lequel fut à son tour remplacé par Grimmel. Picard dirigeait l'Odéon ; les autres directeurs furent dirigés.

Samson avait pris une situation prépondérante, il touchait dix mille francs par an ; c'est-à-dire qu'il les touchait quand les fonds étaient abondants. Il avait acquis le droit de contrôler et d'ordonner, et de conseiller. Il y avait des hauts et des bas ; les directeurs se succédaient ; Grimmel céda la place à du Petit-Méré ; et Frédéric Bernard prit la suite.

On fit de tout, à l'Odéon, on y fit même de l'Opéra ! Le directeur s'avisa de recueillir les vieux opéras célèbres, que l'on ne jouait plus, il les monta sans faste et le public retrouva le chemin du Luxembourg. L'Opéra alternait avec la tragédie ; les jours de tragédie, le public ne venait pas.

Est-ce que l'Odéon est un théâtre de déclamation ? Est-ce qu'il est un théâtre lyrique ? Nous ne le saurons jamais !... Les seules pièces qui aient amené le triomphe dans cet étrange théâtre sont les drames ornés de musique de scène ! Et les faux vaudevilles ont attiré du

monde. Ce temple de l'art amphibie restera comme une énigme ; aucune faillite n'a pu nous renseigner sur sa véritable destination.

Samson parvenait à vivre ; il n'est pas certain qu'il ait touché l'intégralité de ses appointements ; dix mille francs en 1823, c'était presque la richesse. Mais le pauvre Samson, qui aimait sa femme, lui avait fait quatre enfants, un fils et trois filles. Il fallait nourrir tout cela avec 25 francs par jour ! Crève donc, société !... La misère poursuivait le plus honnête des comédiens ; les années de Rouen, les plus heureuses, étaient loin.

Samson défendit son théâtre avec une âpreté singulière ; il sauva l'Odéon à plusieurs reprises, par son activité, par son sens de l'organisation. La trinité Samson, Joanny, Provost maintenait le renom du second Théâtre Français ; et les gens de la rue de Richelieu avaient les yeux sur ce jeune comédien (trente ans, c'est encore la jeunesse, au théâtre) !

Alors Samson fut mordu de la tarentule qui n'épargne aucun comédien, si grand soit-il : il voulut être auteur ! Ne vous en étonnez pas, tous y passent ! L'exemple de Molière, de Shakespeare et de Picard a suscité toute une littérature de comédiens ; de nos jours, les acteurs-auteurs sont légion et ils ont malgré eux créé une concurrence redoutable, celle des auteurs-acteurs ; en sorte que nous avons ainsi de mauvais auteurs-acteurs et de mauvais acteurs-auteurs. Chacun son métier, les Muses seront bien gardées !

Samson, qui avait le goût des vers, s'essaya par un à-propos pour l'anniversaire de Molière. Ayant œuvré, il alla prendre l'avis de son ami Adolphe de Wailly qui était professeur de lycée ; de Wailly jugea naturellement que l'à-propos de son ami était sublime !... Mais il ajouta : « Il faut prendre une opinion plus autorisée ; allez offrir votre chef-d'œuvre à votre directeur, Picard, qui est un homme de métier ! »

Et Samson d'aller voir Picard ; ce dernier était trop malin pour décourager son sociétaire ; il lui fit mille compliments et termina : « Il s'agit de vers ; je ne suis pas expert en la matière, allez donc voir notre lecteur, M. Andrieux, de l'Académie Française, qui est votre collègue au comité ! » Renvoyé de Caïphe à Pilate, Samson partait chaque fois avec de nouveaux encouragements.

Andrieux était une autorité ; il lut l'à-propos et complimenta Samson, qui n'eut plus d'inquiétude et rendit à son directeur l'à-propos apostillé par Andrieux ; le petit acte fut joué le 15 janvier 1825. Je l'ai lu ; cela ne casse rien ! Les vers sont pauvres, mais honnêtes, et l'idée n'est guère plus riche.

Le genre de l'à-propos sévit encore ; les histoires les plus abracadabrantes servent de thème à des ouvrages, destinés à célébrer la gloire du Maître. Dans l'à-propos de Samson, La Fontaine disait des paroles définitives. Si je vous cite ce personnage, c'est parce que nous retrouvons là la trace du culte que Samson dédia au fabuliste ; et cela seul suffirait à démontrer l'intelligence subtile de ce grand professeur !

Il exerçait ses élèves à découvrir toutes les intentions que renferme un vers de La Fontaine ; selon lui, la comédie aux cent actes divers était la meilleure préparation à l'autre comédie ; nous insistons sur cette turlutaine : Samson voulait que l'on sût lire, devant que de jouer ; il faudrait rappeler cette heureuse doctrine, en un temps où les professeurs ont tendance à en prendre le contre-pied ; la lecture apprend à respirer ; nos comédiens d'aujourd'hui ne savent plus prendre leur respiration ; quand ils ont à réciter une tirade, ils ne repèrent pas leurs points de repos. La faute en est aux professeurs de l'Université, qui négligent l'art de la diction, et font réciter les leçons au petit bonheur ; j'étonnerai ainsi beaucoup d'amis universitaires qui me répondront : « Est-ce que nous avons le temps de nous arrêter à cela ! » Former la diction, c'est former le goût.

L'à-propos fut assez goûté ; Samson se vit encouragé, et sans perdre de temps, se remit à l'ouvrage ; cette fois, il écrivit une comédie en trois actes et toujours en vers : « *La belle-mère et le gendre* ». Le titre seul vous renseigne sur la pièce.

A tout prendre, elle n'est pas inférieure à la production courante ; ce genre de la comédie bourgeoise en vers nous semble insupportable, parce que la poésie dramatique est l'art de dire peu de choses en beaucoup de mots. La prose convient mieux à notre temps, vu que « le train n'attend pas ! » Dans le premier quart du XIXe siècle le spectateur aimait les divertissements distingués ; lorsqu'Emile Augier écrivit *Gabrielle*, qui passa pour une audace, il ne faisait que retrouver l'inspiration des contemporains de Picard ; et le brave Picard, lui-même, ne se résignait à écrire en prose que par impuissance à débiter l'alexandrin !

Samson était élève de Boileau, comme J. Prudhomme était élève de Brard et Saint-Omer ; il avait le secret de l'alexandrin classique ! Il confectionna une honnête comédie, dans le goût du temps ; à la veille de la grande tourmente romantique, nous nous étonnons de trouver ces ouvrages corrects, bien ordonnés, assommants, qui sont inspirés de Picard, mais qui n'ont pas la verdeur, l'entrain du modèle. Les personnages sont en bois, et trop vus : il y a la belle-mère acariâtre, le gendre résigné, le raisonneur douceâtre, et le valet comique. Samson avait d'excellents souvenirs, il obéissait scrupuleusement aux règles du genre.

Sa pièce fut soumise à Picard, qui la lut avec ferveur, puis la renvoya à Scribe ; Samson, fou de joie, lut à Scribe, au cours d'un déjeuner offert par un ami commun.

Scribe approuva, fit quelques critiques et signala une faiblesse dans le dénouement.

Ah ! le dénouement !... Quelle histoire !... Il fut repris et recommencé trois fois ! On n'en trouva de satisfaisant que le lendemain de la première. Et Samson, ses amis : Wailly, Picard, Scribe et d'autres suèrent sang et eau pour terminer dignement un ouvrage qui n'a laissé aucune trace dans l'histoire littéraire.

Le comité de l'Odéon reçut la pièce, par acclamation ! Dame ! M. Samson était un grand personnage dans la maison ! (Son portrait figure dans la galerie des héros odéoniens, et vous pouvez l'y voir !) Il conçut de lui-même une très haute estime et dédaigna quelque peu les succès d'histrion : c'était l'âme de sa mère qui revenait en lui. *La belle-mère et le gendre*, pièce de M. Samson, sociétaire, fut reçue pour être jouée à son tour.

Le Théâtre-Français avait eu la troupe la plus merveilleuse qui fût ; mais les maîtres disparaissaient un à un, et n'étaient pas remplacés par les « espoirs » du Conservatoire. Nous sommes à la veille de la mort de Talma ; et de cette mort, la tragédie faillit mourir, elle aussi. La noble compagnie s'inquiétait à bon droit. Elle avait, de par un décret abusif, le droit de choisir dans la troupe du second Théâtre-Français, à condition que les artistes désignés fussent consentants.

Trois artistes de l'Odéon se virent l'objet de sollicitations ; ce furent, naturellement, les meilleurs : Samson,

Provost et Joanny. Ce dernier avait là une aubaine exceptionnelle et disproportionnée avec son talent ; il eut la sagesse de la refuser ; Talma et les sous-Talma lui barraient la route ; il valait mieux rester le Talma de l'Odéon. Provost, lui. accepta ; c'était un garçon insouciant, très jeune et qui avait confiance en lui-même.

Samson se fit prier ; ce n'était pas la première fois que les gens de la rue de Richelieu lui envoyaient des émissaires. Il avait toujours répondu évasivement. Devant des propositions fermes, il consentit à traiter, et fort habilement.

Ce n'était pas pour rien qu'il avait passé trois ans en Normandie. Au demeurant, ce qu'on lui offrait n'était guère appréciable : 4.000 francs par an ! Samson répondit, dans la langue de l'époque : « Vous voulez rire ! J'ai quatre enfants et une femme, et je gagne 10.000 francs à l'Odéon !... J'aurai devant moi des comédiens célèbres qui me barreront la route, tandis qu'à l'Odéon, je suis chef d'emploi ! Quel sot ! »

Après discussion, il fut entendu que M. Samson aurait 4.000 francs de fixe, plus une pension de 4.000 francs sur la cassette royale, plus 2.000 francs de feux, jetons et autres produits. Et Joseph-Isidore signa, pour prendre service le 1er avril 1826. Il était tacitement convenu qu'il serait sociétaire un an après ! On avançait vite, en ces années heureuses.

SAINVILLE

dans BERTRAND ET RATON

Le nouveau pensionnaire avait trente-trois ans sonnés, un passé artistique, une carrière à l'Odéon, il n'entrait pas en néophyte dans le grand temple ; il y retrouverait des maîtres, tels que Talma et Fleury qui l'avaient
apprécié et qui lui faisaient place ; une ombre au tableau,
le prestigieux Monrose, chef d'emploi.

Le malin Samson savait bien que son grand aîné lui
barrerait la route, et c'est pourquoi il avait maintenu
ses prix ! Ce qui l'avait décidé, c'était l'instabilité des
paiements à l'Odéon. Il avait tout obtenu là-bas, il
aspirait à une situation plus stable ; il se résignait à
marquer le pas derrière Monrose ; il n'eut que sept
ans à attendre l'heureuse occasion qui révèle un comédien.

De son propre aveu, ses débuts à la Comédie furent
« sans éclat ». Il paraissait dans le rôle de Figaro, du
Barbier. Sa tenace timidité l'avait encore paralysé ;
Samson n'était pas l'homme des débuts. A tout prendre,
il était excusable. Cette salle solennelle, riche de tant
d'échos, glace les débutants ; et puis Samson devait
être un assez maigre Figaro ; il n'avait pas la gaîté débordante du rôle ; il ne réussissait qu'à force d'intelligence
et de métier. Toute sa vie, Samson aura lutté contre
son physique.

Cette année 1826 vit deux événements importants :
« la Première de *La belle-mère et le gendre* » au théâtre
de l'Odéon, le 23 avril ; Samson n'y assista pas. Son ser

vice le retenait au Français. La fidèle Thérèse lui apprit que « c'était un succès ! » Rappels sur rappels ! Samson est dans la joie ; il retravaille son œuvre, et fiévreusement, brosse un dénouement définitif, le troisième en un mois ! Et il constate que c'est le succès ! Sa pièce fut plus tard reprise au Théâtre-Français.

L'autre fait important fut la mort de Talma. L'événement ne surprit pas le public ; on savait que Talma déclinait et qu'il n'en avait plus pour longtemps. Samson perdait en lui un maître chéri et un protecteur efficace chez Molière.

Les funérailles de Talma furent pompeuses et telles que le grand artiste les eût souhaitées. Talma, mourant en pleine gloire, en pleine légende, ne fut pas discuté. Il échappa au reproche de vieillir qui atteint les vieux comédiens célèbres.

La mort de Talma frappait la Comédie-Française, presque mortellement ; avec lui, disparaissait la pure tradition de la tragédie. Un genre ne meurt pas ; mais les gens de 1826 crurent que Talma emportait avec lui les derniers vestiges d'un art périmé.

Cette année 1826 devait être célèbre à d'autres titres ; on a coutume de dater le triomphe du romantisme de 1830. Nulle erreur n'est plus pernicieuse ; 1830, c'est l'époque du romantisme consacré ; la bataille d'*Hernani* ne fut en réalité qu'un battage organisé. Les sources du romantisme, vous les trouverez bien avant 1820 !

Peu à peu, l'idée nouvelle s'infiltrait, et suscitait une école ; un grand universitaire a pu écrire une thèse sur *Le romantisme des classiques*. Il reste une autre thèse à écrire sur *Le classicisme des romantiques*, et je vous assure qu'elle serait joyeuse !...

Après la mort de Talma, la Maison de Molière traversa une crise douloureuse ; la tragédie n'était plus, le drame pas encore !... On vivotait avec le répertoire et quelques nouveautés faites de vieilleries. La part de sociétaire était tombée à rien. En pareil cas, les honneurs tiennent lieu d'argent ; M. Samson fut promu membre du comité de lecture ; il était sociétaire depuis deux ans. Son admission au Comité date de 1828. Elle fut signalée par un incident qu'il convient de raconter.

M. Samson, élève de Boileau, admirateur de Talma, bourgeois, pompier, classique, bon père de famille, etc.., avait néanmoins un jugement des mieux avisés, une clairvoyance peu commune. Un jour, certain mulâtre tumultueux vint lire au Comité une *Christine à Fontainebleau*, qui laissa les auditeurs sidérés ; ce sieur Alexandre Dumas les avait tués.

Seul, Samson avait compris. En homme averti, il avait entrevu que cette esthétique nouvelle était capable de susciter un public lassé, de ramener au Temple de Molière un auditoire nouveau. A part lui, Joseph-Isidore condamnait la nouvelle formule, mais soucieux de ses devoirs d'administrateur, il était tout prêt à l'accueillir.

Il plaida la cause du mulâtre et obtint que la *Christine* fût reçue à corrections. Je vous dirai comment il fut récompensé !

Pour l'intelligence du mouvement littéraire, rappelez-vous que les classiques étaient des républicains attardés, tandis que les romantiques étaient des monarchistes à tous crins. Ce simple avertissement éclaire la biographie d'un Victor Hugo. Il nous suffira de dire que Vigny, le noble comte, fut longtemps considéré comme un renégat, et que le doux Lamartine, plus tard, prit figure de radical-socialiste. Et le féroce Barbier des *Iambes* est relégué parmi les perruques ! Expliquez ça !...

L'histoire de *Christine*, de Dumas, est assez nébuleuse. Un autre auteur, dont le nom ne mérite pas d'être cité, avait fait une précédente *Christine*, qui avait été reçue ; ce M. B... avait eu la précaution de mourir et les héritiers réclamèrent. Ils eurent gain de cause ; Dumas retira sa *Christine* et offrit à la place *Henri III et sa cour*.

Samson patronna ce deuxième ouvrage et obtint qu'il fût joué. Il consentit même à interpréter une panne, le rôle du duc de Joyeuse, qui n'avait pas cent lignes !... Dumas l'avait supplié et il témoigna de sa gratitude dans la préface de la brochure.

Plus tard, égaré par on ne sait quelles rancunes, Dumas se montrera très dur pour son ancien protecteur ; et Samson répondra à l'attaque. Samson avait le sens de l'injustice ; ayant fait taire ses préférences classiques

pour ouvrir la porte aux révolutionnaires, il ne suppor-
tait pas l'ingratitude de son ancien protégé. Il nous a laissé
un curieux portrait de Dumas père, metteur en scène :
le mulâtre questionné par ses interprètes, leur disait :
« Arrangez-vous !... Moi, je n'y connais rien ! »

Ne blâmons pas Dumas père : les génies abondants
ne sauraient s'attarder à cet art de réalisation ; la mise
en scène est une chose admirable, quand elle est préparée par des artistes tels que, de nos jours, Edmond Roze,
Moncharmont, Choisy, etc... Naguère, André Antoine
était un splendide collaborateur. Sardou ne laissait à
personne le soin de « réaliser ».

Il est à peu près certain que Samson prit une part
importante à l'établissement de *Henri III*, encore qu'il
eût horreur du romantisme et des romantiques.

En 1828, Samson était très apprécié à la Comédie,
bien qu'il dût marquer le pas derrière ses chefs d'emploi. Il était tout de même sociétaire écouté. Se figure-
t-on ce qu'était un sociétaire ? C'était un maréchal !...
Seuls, les sociétaires avaient le droit de hanter le foyer
sacro-saint ; et quand un sociétaire passait dans les
couloirs, tous les pensionnaires se levaient sur son passage, en témoignage de respect !...

Ces traditions ont disparu ; les jeunes pensionnaires,
dans leur hâte de devenir sociétaires, secouent leurs
aînés ! Le concept de l'autorité, établi par le Décret
de Moscou, s'est peu à peu effacé ; ce qui reste de ce

décret n'est rien. A l'heure actuelle, quatre pouvoirs se battent, et aucun d'eux n'est qualifié. Le sociétaire, en 1828, était estimé et respecté ; il parlait en maître.

A bien regarder les théâtres, la situation était celle que nous voyons aujourd'hui. Le sociétaire renonçait à la fortune, pour gagner la gloire. Perlet gagnait trente mille francs par an, tandis que Samson, sociétaire, en gagnait péniblement onze mille. Perlet avait tous les succès de presse, tandis que Samson piétinait derrière l'inexorable Monrose. Perlet avait des créations tant qu'il en voulait, Samson doublait !

En cette année de 1828, si gonflée d'incidents, M. Samson fut nommé « professeur suppléant du Conservatoire ». Disons tout de suite que les fontions n'étaient pas rétribuées, et que le décret de nomination le spécifiait. Joseph-Isidore accepta ce surcroît de travail ; après tout, il était né « doublure ».

Je ne vous apprendrai pas qu'un suppléant en quoi que ce soit fait gratis le travail du titulaire rétribué. Joseph-Isidore prenait du galon ; professeur officiel non payé, il avait le droit d'enseigner dans le privé et de se faire rémunérer. Samson eut tout de suite une clientèle ; mais il n'osait se faire payer. Sa première élève fut une petite fille de douze ans, charmante, douée comme on ne l'est pas, jolie, fine, intelligente et capable de décrocher du premier coup toutes les récompenses ; ce fut en vérité la favorite de M. Samson, professeur passionné et ponctuel ; cette élève reconnaissante revint plus tard de Russie pour jouer dans la représentation à bénéfice de son vieux maître ; c'était Mme Arnould-Plessy ! Et cette élève eut une si belle carrière qu'elle inspira de la jalousie à la grande Rachel !

Ce que je vous conte se passa il y a près de cent ans, et l'on prétend que l'art du comédien est un feu de paille ! Je vous parle de Samson, que votre grand-père n'a pas connu ! Je vous parle de Mme Plessy qui mourut vers la fin du siècle dernier ; j'ai déjà cité des comédiens illustres, dont il ne subsiste que de pâles effigies, extraites de vagues moniteurs.

Mais que reste-t-il du monde dramatique et des auteurs, célèbres en ce temps ?

CHAPITRE VI

LE PROCÈS

1830 ! La Révolution.

Ici vous observez l'instabilité des jugements humains. Napoléon Ier avait sauvé Joseph-Isidore de la conscription ; mais M. Samson n'en était pas moins demeuré fermement républicain ! Louis-Philippe, arrivant au pouvoir supprima la chaire de déclamation au Conservatoire, coupa la pension dont Samson tirait le meilleur de ses revenus, et réduisit le théâtre à la portion congrue. Or, c'est de Louis-Philippe que Samson garda le meilleur souvenir ! Louis-Philippe était le souverain selon son cœur.

En 1830, M. Samson, sociétaire, avait été forcé de subir le succès d'*Hernani*. Il faut relire les pages que Samson consacra à ces soirées, dans ses *Mémoires*. Ces pages furent écrites vers 1868, après trente-huit ans de réflexion. Elles sont d'une malicieuse perfidie, qui tranche sur l'enthousiasme historique.

Quand on récrira l'épopée romantique et que l'on en discutera l'évident snobisme, il faudra se reporter au témoignage de J.-I. Samson, qui assista aux grandes soirées, et rapporta en toute franchise ce qu'il avait vu. Evidemment, nous avons la relation d'un fervent de Latour Saint-Ybars et des derniers tragiques, et qui bataillait de l'autre côté de la barricade ; mais il était doué d'une observation aiguë, qui ne perdait aucun détail ; en quelques lignes, il a tracé l'organisation d'un triomphe. En tout cas, il nous a légué un renseignement inédit : *Hernani* fut un gros succès de scandale ; mais ce ne fut pas un succès d'argent ; il faudra, bien entendu, attendre quelques années pour que le théâtre de Victor Hugo s'impose.

Les premières victoires romantiques ne furent pas fructueuses. Cependant elles attestèrent la séculaire vitalité d'une compagnie que l'on retrouva toujours à la tête du jeune mouvement dramatique ; le lecteur ignorant est porté à affirmer que la Comédie est le temple de la vieillesse et de l'obscurantisme. Rien de plus faux !... C'est de cette maison que sont parties les plus audacieuses théories ; et c'est chez elle que Mirbeau, au lendemain des *Mauvais Bergers*, fit jouer *Les Affaires sont les affaires*.

Rappelez-vous que Samson, classique déterminé, protégea Dumas et ne refusa pas son appui à *Hernani*. Cet exemple d'impartialité, tous les membres du Comité de lecture l'ont scrupuleusement suivi. Ce livre n'est pas un livre de polémique. Qu'il nous soit cependant permis de rappeler le large accueil que le Comité faisait tout récemment aux jeunes auteurs que lui indiquaient des succès dans les théâtres à côté !

Ce mot d'ordre que se transmettent d'âge en âge les membres du Comité de lecture est toujours présent ; il serait injuste de ne pas mentionner cet éclectisme sagace, qui a, plus d'une fois, coûté très cher à nos comédiens nationaux, et dont la critique ne leur a su, d'ailleurs, aucun gré.

Pour ma part, j'ai toujours apprécié le dévouement de comédiens, qui ont renoncé aux gros cachets, aux joies de la popularité, pour se consacrer à la religion du répertoire et au professorat, plus ingrat encore puisqu'il ne faisait que des ingrats.

Samson eut, au plus haut point, le sentiment de ses devoirs et de ses responsabilités ; il fut un sociétaire modèle, vivant uniquement dans la Maison et pour la Maison ; sa personnalité force le respect ; vous trouverez, dans le dernier chapitre de ce volume, la liste des rôles qu'il anima ; il y en a près de 250 !...

Essayez de vous représenter le labeur formidable, le service de chaque jour. Il faut que le sociétaire soit prêt à jouer n'importe quel ouvrage, qu'il devra répéter pour aider le débutant ; il devra indiquer la mise en scène, les traditions ; au Théâtre-Français, on ne saurait être médiocre !... Il faut aussi répéter et préparer les nouveautés ! C'est une vie fiévreuse, un souci de tous

les instants ; ajoutez à cela les mille devoirs d'un comédien qui est aussi administrateur, lecteur et professeur.
Le public et la critique s'en souviennent peu, et jugent en
trois heures l'œuvre de trois mois.

Comment expliquer que Samson, sociétaire modèle,
commit la faute grave de quitter la Comédie ? Il
est arrivé souvent qu'un membre de l'auguste compagnie
ait voulu rompre ses vœux et tenter la fortune au
dehors ; Coquelin, Sarah Bernhardt et M. Le Bargy,
pour ne citer que ceux-là, rompirent leurs engagements ;
et ce fut pour eux assez profitable.

Entrer à la Comédie est honorable ; il n'est pas moins
avantageux d'en sortir avec fracas. A vrai dire, ces éva-
sions sont plutôt mal jugées ; vous n'êtes pas forcé
d'accepter le poste honorifique et mal rétribué de
comédien français ; comme dit le vulgaire, on ne vous
prend pas de force et vous savez à quoi vous vous enga-
gez ! La puissance d'une institution réside dans la discipline acceptée par ceux qui en profitent. Pourquoi
Samson céda-t-il au vertige ?

S'il est des circonstances atténuantes à un pareil
manquement, Samson peut les revendiquer. Ce n'est
pas l'appât du gain, ni celui de la réclame qui le pous-
sèrent à son acte ; il aurait pu invoquer cette excuse :
les engagements que l'on avait pris avec lui étaient
rompus ! Rappelez-vous les conditions qu'il avait accep-
tées : 4.000 francs de fixe, plus 4.000 de pension, et

2.000 de gratifications diverses ; de plus son professorat, bien que purement gratuit, lui valait tout de même quelques ressources supplémentaires ; si je ne me trompe, il se faisait environ 1.800 francs de ce côté, pour indemnités, leçons, etc.

La révolution de 1830 changea tout cela ; la pension sur la cassette royale fut supprimée ; la chaire de déclamation et d'enseignement historique fut biffée ; les 2.000 francs de feux étaient réduits à 1.000 francs environ. Et il y avait toujours le redoutable Monrose, chef d'emploi, qui barrait la route et qui n'annonçait pas l'intention de céder le passage. En outre, les 4.000 de fixe n'étaient plus fixes ; ils étaient maintenant assurés par la part de sociétaire, c'est-à-dire que Samson touchait à peine 3.000 ; en ces temps troublés, la Comédie traversait une crise financière assez dure ; il fallait donc, avec 250 francs par mois nourrir une femme et quatre enfants ; quatre enfants ! Cela mange !... Samson réclama, on fit la sourde oreille.

Alors, le malheureux comédien sur qui s'acharnait une misère injustifiée, perdit la tête. Une belle affaire se présentait : Dormeuil, qui fut un des grands directeurs du Palais-Royal, un Quinson avant la lettre, avait formé une troupe exceptionnelle, dont les étoiles étaient Déjazet et Lepeintre aîné; il fit des propositions avantageuses au sociétaire dans l'embarras. De la Comédie au Palais, il n'y avait qu'un trajet de deux cents mètres, la rue Montpensier !

Samson n'hésita plus ; il débuta dans le rôle de Dickson ; et la désertion de Samson fit un vacarme dont vous n'avez pas idée ; les feuilletonnistes blâmèrent le transfuge, qui abandonnait l'art pur pour le vaudeville. Les anciens camarades, de leur côté, ne restaient pas indifférents ; il fallait sauver les privilèges et les règlements du Théâtre-Français.

Un procès fut engagé, dont l'issue n'était pas douteuse ; ce procès vous le retrouverez dans la suite et il fut toujours gagné. Plutôt que de payer le lourd dédit, Samson préféra faire amende honorable et réintégrer la Maison de Molière.

Au demeurant, il n'en était pas autrement fâché ; ses huit mois de fugue n'avaient pas été marqués par de brillantes créations ; il n'avait réussi que dans un rôle, celui de *Rabelais* ; et le père Dormeuil ne paraissait guère enchanté de son acquisition, puisqu'il se sépara sans difficulté de son pensionnaire.

Samson n'avait pas la fantaisie, l'invention outrancière, l'en-dehors qu'exige le vaudeville. Son passé classique le gênait, il ne jouait pas « d'ensemble » avec des partenaires dont les effets n'étaient pas toujours d'un goût raffiné ; en outre, il se sentait diminué ; ce Coriolan du répertoire était mal à l'aise au milieu de Volsques trop démonstratifs.

Sa rentrée chez Molière s'effectua sans incidents ;
en somme ses amis lui étaient restés fidèles et le bon
Michelot avait aplani la route ; Provost s'était employé
de son mieux. Pour tout dire, Samson revint avec une
situation accrue ; on lui savait gré de sa soumission.
Et Joseph-Isidore fut désormais le plus ferme soutien
de la Comédie, qu'il servit cinquante-sept années. Ecri-
vant le récit de sa vie, M. le doyen glissera sur cette
« minute d'égarement » qui faillit lui coûter si cher ;
toutefois, il obtint de ses associés de meilleures conditions et la chaire de déclamation, enfin rétablie, fut ren-
due à son possesseur et titularisée peu après.

Dorénavant, Samson poursuivra son chemin, un chemin large, mais dépourvu d'obstacles, et son autorité
ne cessera de s'accroître. Ce fut le 14 novembre 1833 que
Samson fit ses véritables débuts à la Comédie ; jusque-là,
il n'avait guère joué que les valets, et repris les rôles
abandonnés par les chefs d'emploi ; ce qu'il faisait était
bien, correct ; il ne manquait pas de vivacité, de prime-
saut ; enfin c'était le bon ouvrier de théâtre, qui accom-
plit sa besogne consciencieusement.

M. Scribe, le grand auteur à la mode, porta au Comité
une pièce qui fut reçue par acclamations ; c'était *Bertrand et Raton*.

Quand on relit cette pièce si vivante, si drôlement in-
triguée, dont les caractères sont dessinés d'un trait pré-
cis, on comprend la faveur inouïe qu'elle connut. Mon-

rose s'était adjugé le « rôle en or », celui du comte Bertrand de Rantzau, vieux politicien retors et madré qui manœuvre, sans en avoir l'air, tous les autres personnages.

Samson assista au partage des rôles et rongea son frein ; il n'y avait rien pour lui ! Monrose créa le rôle et participa au succès, qui fut honorable. Mais à la seconde représentation, le chef d'emploi fléchit, il fallut le remplacer au pied levé. Monrose, depuis quelque temps, avait donné des signes de dérangement d'esprit ; on ne peut dire qu'il était fou, mais il ne jouissait plus de tous ses moyens. Plus tard, il reparut à la Comédie, non sur la scène, mais parmi les spectateurs, et je ne sais rien de plus touchant que cette piété envers la vieille Maison. Monrose quittait son asile pour venir au théâtre ; à la fin du spectacle, il montait sur la scène et complimentait ses camarades. Il y a tout un drame dans les derniers mois de ce grand artiste.

Il fallut remplacer Monrose, tant bien que mal, et Samson reprit le rôle au pied levé : on peut se demander si ce pied était tellement levé ; Samson avait suivi les répétitions de la pièce et sa prodigieuse mémoire l'avait servi. Il avait étudié le jeu de Monrose et ne l'avait pas trouvé supérieur ; il avait, à part lui, composé un autre Rantzau, plus intérieur, plus réticent et, somme toute, plus puissant.

Il n'eut pas grand travail à fournir pour doubler le

chef d'emploi. Mais quelle surprise !... La doublure, dès
le premier soir, effaça le souvenir de l'artiste créateur ;
et la pièce retrouva son aplomb. Un Monrose défaillant
et déjà marqué pour la retraite, avait un peu dénaturé
son personnage et diminué la force de la pièce. Samson,
alors dans toute la verdeur de ses quarante ans, ambitieux, et désireux de profiter de sa chance, fut extraordinaire de finesse, de malice et d'intentions ; tout
son art de tout dire sans rien dire, sa lenteur de débit,
sa voix pincharde, son physique maigre, son élégance
indiscutable, tout cela le servait ! Il dira plus tard : « On
doit jouer avec ses défauts plutôt qu'avec ses qualités ».
Là, défauts et qualités s'accordaient. Samson s'empara
du rôle de Rantzau et y fut acclamé, si bien que Monrose, le créateur, fut parfaitement oublié ; Rantzau resta
la propriété de Samson, et à chaque reprise de la pièce,
Samson fut prié de reprendre son rôle.

A partir de ce moment, M. Samson devient la plus haute
figure de la troupe comique ; il a voix prépondérante
dans la Maison et tous les administrateurs le ménagent
et prennent son avis.

Après Jouslin de la Salle, le caissier Vedel est nommé ;
il est fort courtois avec M. Samson. C'est que M. Samson n'était pas toujours commode, et qu'il savait faire
respecter ses directives. Il était très susceptible comme
tous ceux qui ont des convictions ; après avoir supporté
sans murmurer la brève domination des romantiques,

il avait en sous-main préparé le retour de la tragédie, de la néo-tragédie ; plus tard, il favorisera l'éclosion de l'École du bon sens, et après avoir créé le marquis de la Seiglière, il aura la gloire de créer les deux marquis d'Auberive, d'Augier.

Nous pouvons nous figurer son talent : peu de moyens physiques, mais une prodigieuse intelligence de la diction et de la scène ; prenez ces trois rôles, qui vous révéleront le comédien ; ils sont assez différents en apparence ; en réalité ce sout les trois états d'un même personnage. Samson, qui était fort bon dans les « valets », n'avait pas osé aborder les grands premiers rôles ; son Figaro ne faisait pas oublier celui de Monrose, il fallait qu'un personnage nouveau fût créé pour que la véritable personnalité de Joseph-Isidore se dégageât ; des valets aux marquis raisonneurs, la distance semble grande. Mais réfléchissons ; le rôle du valet est celui d'un sulbaterne intelligent, qui mène le jeu ; les valets de Marivaux, de Regnard, après ceux de Molière, étaient les véritables *compères* d'une action que subissaient les fades protagonistes.

En 1833, Samson a quarante ans ; il est encore rapide et leste ; mais il a pris de la bouteille. L'emploi des valets cesse à la quarantaine. Samson cherche un emploi qui le libère, et lui permette de monter d'un degré sur l'échelle des comédiens. Et ce rôle le voilà ! Le marquis raisonneur, armé de toute l'astuce du valet, mais jugeant les choses et les hommes du haut de sa noblesse. Monrose, le créateur du rôle de Rantzau, était, en dépit de l'âge et de la maladie, trop « en dehors ».

Samson, presque à son insu, incarna ce personnage intuitif, ironique, mystérieux, au sourire maigre, à la voix pincharde, qui réfléchissait avant de parler, et qui réfléchissait en parlant.

Un type venait de se révéler ; dorénavant, on écrira des rôles sur mesure pour M. Samson ; et de là date cette prodigieuse efflorescence de « raisonneurs ». Les dramaturges travaillaient pour Samson et les sous-Samson. Ils avaient observé l'effet que produisait, dans une action violente, un personnage froid et détaché ; plus tard, et bien plus tard, un Sardou reprendra ce presonnage, ce témoin de l'action ; il le rendra seulement plus spirituel et plus parisien ; mais si vous l'examinez de près, vous retrouverez l'ancien comte de Rantzau et l'ancien marquis d'Auberive ; et vous retrouverez Samson, qui était, au temps de la jeunesse de Sardou, le grand raisonneur. Ainsi un comédien déjà mûr avait une influence sur un jeune auteur avisé.

Ce n'est qu'en 1851 que Samson retrouvera un succès égal à celui de Rantzau ; le marquis de la Seiglière est un raisonneur égoïste et borné, mais c'est un raisonneur ; le marquis est le type de ces émigrés réintégrés qui n'avaient rien oublié ni rien appris. En vérité, c'était le seul caractère vivant de la pièce, qui sans lui eût paru écrite par un Georges Ohnet trop tôt révélé. *Mlle de la Seiglière*, c'est le *Maître de Forges* ; le bon Sandeau, auteur d'un aimable roman, s'était penché sur la lutte sournoise que se livraient l'ancienne noblesse et la nouvelle ploutocratie ; il voyait là un intérêt considérable ; cependant d'autres problèmes, plus sérieux, surgissaient aux alentours. Il faut reconnaître que le théâtre fut toujours en retard sur les idées ; Dumas fils, qui passa pour un polémiste, n'a fait qu'enfoncer violemment des portes trop ouvertes.

Samson n'eut qu'à traduire en inconscience la malignité et la méchanceté de Rantzau ; il eut un triomphe en 1851 ; à la veille du second Empire, les malheurs des émigrés prenaient un intérêt rétrospectif ; la noblesse s'était reconstituée, à la suite de Napoléon III, mais c'était déjà mêlé !... Les mercantis avaient redoré quelques blasons, mais avaient pris quelques quartiers de noblesse ; Louis-Philippe, lui-même, avait créé des nobles, des barons surtout ! Le marquis de la Seiglière, noble de vieille souche, faisait figure de fossile dans cette société aristocratique, enrichie par la vente des biens sous la Révolution. La pièce du bon Sandeau datait terriblement. Mais Samson, qui était doyen depuis la mort de Monrose (1843) et qui approchait de ses soixante ans, avait conservé assez de souvenirs de l'époque troublée pour restituer d'une façon frappante la figure du vieux marquis égoïste et enfantin.

Quelques années plus tard, il incarnera le marquis d'Auberive, des *Effrontés*, du *Fils de Giboyer* ; c'est l'aboutissement d'une carrière ; Samson, comblé d'honneurs, mais dégoûté par un régime presque cynique, inquiet d'une société qui se précipitait vers on ne savait quel abîme, trouva le rôle-formule de sa vieillesse : le *marquis d'Auberive*, c'est Rantzau désabusé ; c'est la Seiglière assagi, mais c'est surtout l'aristocrate perdu dans une génération trop avide et trop ardente. La valeur historique des *Effrontés* n'a pas encore été comprise ; un nouvel ordre de choses était né avec Balzac. L'Empire second n'avait fait qu'encourager et codifier les appétits. Augier, le dramaturge bourgeois, précurseur de la grande comédie dramatique, et très marqué de Balzac et peut-être de Charles de Bernard, crée une nouvelle formule. Depuis le romantisme, Augier aura été le plus grand novateur, de lui date la comédie moderne : aussi bien Becque, Dumas fils, que Porto-Riche n'ont fait que le continuer ; Bernstein et Bataille sont ses petits-fils.

Le marquis d'Auberive, c'est la fin d'un siècle et c'est la fin d'une race. En plein Empire, M. Samson en qui revivait l'âme des anciens nobles devait éprouver un rare plaisir à crier le mot célèbre : « Crève donc, société ! »

Il paraît que les deux créations du marquis d'Auberive furent exceptionnellement fêtées ; Samson, qui n'avait pas à se louer de la presse — son caractère cassant ne lui attirait aucune sympathie — fut cependant louangé par les feuilletonnistes ; mais Samson avait depuis longtemps dépassé la louange.

Finissons-en avec sa carrière dramatique, la moins intéressante, à tout prendre.

En 1843, Monrose mourait, et ce fut Samson qui fut délégué par la Comédie pour parler sur la tombe de celui qui lui avait si obstinément barré la route. Cela s'est vu à plusieurs reprises ; et M. Samson qui parlait bien parce qu'il concevait clairement, fut plus d'une fois commis aux fonctions d'orateur funéraire ; il enterra Monrose de la plus gracieuse façon du monde. Il héritait un emploi ; je n'ai pas eu à m'occuper de Monrose. Tout ce que j'en sais, c'est que, relégué dans une maison de santé, Monrose revenait quand même à la Comédie, en *spectateur* et qu'il allait ensuite visiter ses anciens camarades, après le baisser du rideau. Cela vous fait froid dans le dos.

Samson, nommé doyen, régenta la Comédie ; il avait précédemment acquis le sens de l'administration ; son influence fut bienfaisante. En 1853, il donna « sa représentation à bénéfice ». Mais, en ces temps heureux, la retraite n'était pas la retraite ; Samson resta encore dix ans attaché à sa vieille Maison, et ce ne fut qu'en 1863 qu'il se retira pour tout de bon et passa en revue trois de ses rôles à succès. La représentation de 1853 n'avait été qu'une répétition générale ; vous verrez plus loin qu'elle fut l'occasion d'une brouille définitive entre Rachel et son professeur.

En 1863, Samson, comblé d'honneurs, promu à la dignité de chevalier de la Légion d'Honneur (il y eut toute une histoire à ce propos, que nous examinerons) effectua sa sortie ; sa vieillesse fut paisible. Il était tiré du besoin, il avait marié ses filles, il avait eu quelques succès d'auteur. Mais il détenait une gloire particulière : celle du conférencier.

Nous l'avons dit : Samson aimait à parler en public, et à dire des choses qui ne fussent pas écrites par d'autres. Lorsque la Comédie-Française décida d'élever un monument à la gloire de Molière — ou plutôt lorsqu'elle décida de s'attribuer le mérite de cette initiative — on commit à Samson le soin de parler devant le monument, qui représentait Molière assis sur une fontaine, symbole d'abondance.

Nous avons quelques fragments du discours que le doyen prononça : ce fut vraiment la revanche des comédiens ! Qu'est-ce que Bossuet prit, indirectement ! M. Samson vous moucha l'Aigle de Meaux, si bien, qu'il n'y avait plus rien à faire pour réhabiliter Bossuet. Samson a toujours eu à cœur de glorifier une profession trop décriée ; les injustes reproches de sa mère lui sonnaient aux oreilles.

En vengeant Molière, Samson se vengeait. Son vieil esprit républicain se réveillait. On n'a pas réuni en vo-

lume les discours de Samson et c'est dommage; s'il n'a-
vait été enlevé prématurément à l'âge de 78 ans, Samson
aurait peut-être rappelé ses harangues. Il fut un conférencier remarquable ; dans les fragments de souvenirs
qu'il a laissés, nous retrouvons la trace des succès qu'il
eut auprès de la jeunesse des écoles ; il parlait admirablement, parce qu'il récitait. Il jouait un rôle, celui du
raisonneur en liberté ; il avait calculé tous ses effets.

L'art de la conférence, ce n'est pas cela ; c'est d'arriver, sans préparation excessive devant un auditoire, et de
le conquérir dès les premiers mots ; c'est de voir surgir,
à son insu, les idées et les mots qui les vêtissent ; c'est
de subir la domination d'un démon intérieur, qui se
substitue à vous, et qui parle par votre bouche. M. Samson apprenait par cœur ses improvisations, et comme il
les récitait avec un art impeccable, il eut rapidement
une vogue extraordinaire ; il avoue lui-même que les
étudiants le suivaient en hurlant : « La croix pour Samson ! » Nous voyons mal la robuste jeunesse des écoles
manifestant ainsi son amour du beau langage.

M. Joseph-Isidore Samson était, malgré une apparence
autoritaire, un très brave homme ; il avait le besoin
maladif de se donner et de se dévouer, et il trouvait près
de lui des camarades de dévouement. En 1840, Joseph-
Isidore n'était pas loin de la cinquantaine, et il aurait
pu se désintéresser du sort très médiocre de ses humbles
camarades ; il eut alors une idée qu'il communiqua aussi-

tôt à ses jeunes amis, Prévost et Régnier (je fais toutes mes réserves, car certains commentateurs attribuent l'initiative à Régnier).

Il s'agissait de fonder une association groupant tous les artistes dramatiques, afin de leur assurer des secours, des soins et une pension de retraite. C'est, en 1840, tout le problème de la mutualité, cette force des temps modernes. Et vous savez que la mutualité a, sans le vouloir, créé le syndicalisme ! Samson, apôtre du syndicat ! Cela fait rêver ! Et c'est pourtant vrai !...

Le premier groupement d'artistes fut fondé par Samson, Prévost et Régnier ; il fallait mille francs pour constituer l'association ; ce fut le baron Taylor (le bon Taylor !) qui les fournit. Les trois amis, en allant porter ce billet chez le notaire, ne se doutaient pas de ce qui suivrait leur démarche ; c'est de ce moment que date l'affranchissement du théâtre et la solidarité de toutes les corporations dramatiques. On a peut-être exagéré, en ces derniers temps, le syndicalisme ; mais tous les travailleurs du théâtre doivent une pensée reconnaissante aux trois sociétaires de la Comédie qui allaient, il y a près d'un siècle, signer la libération de leurs camarades.

L'association a passé par mille péripéties ; grâce à Coquelin aîné, qui fut le dernier élève de Samson, elle a pu fonder l'abri de Pont-aux-Dames. Il n'y a pas d'asile pour les vieux littérateurs, pour les vieux dramaturges. Depuis plus de 80 ans, la société fondée par M. Samson fonctionne et prospère ; le marquis de la Seiglière avait le génie de l'organisation.

Nous n'avons plus rien à dire de Samson sociétaire ; cependant, nous avons remarqué un oubli dans la scrupuleuse nomenclature de Ménétrier, *La Troupe de Talma*. Il a omis un des derniers rôles de Samson, celui qu'il remplit dans le *Village*, d'Octave Feuillet.

Cet acte passa pour un chef-d'œuvre, et il s'en fallut de peu que ce ne fût vraiment une œuvre. C'était un sketch à trois personnages, un peu âgés, et ça se passait en province ; à ce moment (1863), la pièce intime était en honneur ; Feuillet retrouvait un peu de l'inspiration qui avait animé Musset ; et le vieux Samson retrouvait l'art qu'il aimait. Il eut un très vif succès dont la pièce bénéficia.

Ce fut je crois, le dernier succès de Samson comédien.

CHAPITRE VII

LE PROFESSEUR

Nous considérons là un aspect de Samson, le plus intéressant peut-être. Un comédien très ordinaire peut, s'il est doué de sagacité et de réflexion, être un professeur excellent et façonner des génies, et il faut presque du génie pour deviner les génies et les accoucher.

Samson qui savait tout ce qui lui manquait, et qui avait possédé au plus haut point l'art d'utiliser ses défauts, fut dès le début un maître incomparable ; le premier élève qu'il avait formé était lui-même ! Il avait d'ailleurs la passion du professorat ; il avait accepté des fonctions purement honorifiques, rien que pour le rare plaisir d'enseigner ; c'était pour lui une nouvelle occasion d'apprendre et d'observer.

Lorsque les classes de déclamation furent rétablies au Conservatoire, en 1836, Samson ne se sentit pas de joie ! Il se retrouvait dans son élément ; il avait, de ses jeunes années, conservé le respect et l'admiration du professeur : « *Autos epha*, Le Maître a dit » ; à son tour, il incarnait la divinité supérieure. Et le professorat au

Conservatoire était représenté par Samson, Michelot, Provost et Beauvallet ! Et c'était quelque chose ! En 1855, il créait une chaire de littérature et d'histoire appliquées à l'art dramatique. Elle fut supprimée après lui, et rétablie dernièrement.

Nous connaissons les directives de Samson, d'abord par le livre où il a consigné à la fois ses souvenirs et sa foi dramatique ; nous les connaissons aussi par une remarquable conférence de Legouvé : « M. Samson et ses élèves », et qui nous renseigne admirablement sur le cours de Joseph-Isidore.

Un jour, Dumas père risqua cette boutade : « Donnez-moi un pompier, je me charge d'en faire un comédien ! » M. Samson lui répondit de sa bonne encre ! Lui, qui avait éduqué tant de comédiens et de comédiennes célèbres (et qui gardait en outre une dent de sagesse à l'auteur de *Christine*), s'inscrivit en faux contre une assertion aussi frivole, et qui tendait à représenter le professorat comme une mécanique bonne à tous.

Autant que nous puissions connaître d'un apostolat dont il ne subsiste que de rares témoignages, l'enseignement de la déclamation comporte deux écoles : la première, qui ne s'applique en somme qu'à développer la puissance vocale, à encourager le tempérament et la générosité. On oublie que le grand Talma, lorsqu'il s'était trop dépensé et se voyait fatigué, estimait qu'il avait mal joué ; il faut nous reporter à l'éternel *Para-*

doxe sur le comédien, où Diderot établissait déjà les règles absolues d'un art, si facile en apparence que le moindre débutant s'en croit digne. L'autre école ne laisse presque rien à l'inspiration et réclame tout du labeur obstiné, de l'intelligence ; elle bride le tempérament, au risque de l'étouffer ; la « scolarité » à outrance ne tient pas compte des dispositions naturelles, ni de l'originalité ; elle tend à couler de force tous les tempéraments dans le même moule, à créer l'élève-type, correct et timoré.

Le grand mérite de Samson fut d'allier les principes des deux écoles, de discipliner les tempéraments sans les détruire, de tirer parti des défauts naturels qu'il ne faisait que réformer.

Nous l'avons exposé précédemment, il attachait une valeur suprême à l'art de bien lire. Et Legouvé, qui fut lui-même un célèbre lecteur, nous dépeint tout d'abord le Maître en ces quelques mots : « Il était le disciple de Colin d'Harleville, l'héritier des Dazincourt et des Dugazon », c'est-à-dire des plus merveilleux diseurs de leur temps. La critique contemporaine a reproché à Samson une certaine lenteur de jeu ; c'est qu'il avait horreur de « bouler » et qu'il sacrifiait un peu le mouvement au désir qu'il avait d'extraire d'une réplique les moindres intentions qu'il y découvrait ; ce fut grâce à cette méthode qu'il triompha dans les raisonneurs.

Legouvé nous a laissé le compte rendu d'une scène assez significative. Un jeune homme se présente chez le père Samson, qui l'accueille avec sa courtoisie hautaine :

« Vous désirez prendre des leçons de lecture, monsieur ?

— Oui, monsieur Samson.

— Vous êtes-vous déjà exercé à lire tout haut ?

— Oui, monsieur ; j'ai récité beaucoup de scènes de Corneille et de Racine

— Devant le monde ?

— Oui, monsieur.

— Veuillez prendre ce volume de La Fontaine, et lisez-moi la fable du *Chêne et le Roseau*.

L'élève commença :

Le chêne, un jour, dit au roseau.

Samson ne le laissa pas aller plus loin : « Très bien, monsieur, vous ne savez pas lire !

— Je le crois, répartit l'élève vexé, puisque je viens réclamer vos conseils ! Mais je ne comprends pas comment, sur un seul vers, vous pouvez me juger...

— Veuillez le recommencer !

L'élève obéit de nouveau et fut arrêté au même point.

« Monsieur, expliqua Samson, vous dites d'un seul trait : Le-chêne-un-jour-dit-au-roseau ! N'avez-vous pas observé qu'il y avait une virgule, après le « chêne », et « qu'un jour » était une proposition distincte, qu'il importait de mettre en valeur ? »

Tout l'enseignement de Samson est là ; il apprend à détailler. Il ira peut-être jusqu'à la minutie ! Mais qu'il · est fécond et profitable, puisqu'il développe l'esprit de l'élève et le force à fouiller ses rôles, alors que l'autre école ne lui apprenait qu'à les bafouiller !

La lecture précédait la diction, et là encore Samson était impitoyable : « Il faut que le front commande le cœur ! » Vous retrouvez là l'élève de Talma. Enfin, on en venait à la technique de la scène, dont le dogme principal était celui-ci : « Le geste précède et prépare la parole ! »

M. Samson parlait du haut d'une autorité indéniable ; il fut, durant 21 ans, le grand doyen de la Comédie ; et vous ne pouvez vous figurer la noblesse de ce titre, à une époque où les comédiens français jouissaient encore de toutes leurs libertés.

Lorsqu'Émile Perrin, le plus implacable des administrateurs, parlera sur la tombe de Samson, il regrettera pourtant que les privilèges du sociétaire fussent déjà tombés en désuétude ; que dirait-il aujourd'hui ?

Joseph-Isidore a fixé une fois pour toutes le devoir du Maître ; cet art de la ponctuation et des silences est encore celui que l'on enseigne au Conservatoire ; le Maître prêchait aussi le naturel, lui qui avait eu pourtant les fâcheux enseignements de Lafon, lequel « chantait » la tragédie au lieu de la jouer. C'est par réaction contre ces leçons absurdes que le créateur de Rantzau trouve sa méthode, fondée sur la vérité et la réflexion.

Il forma beaucoup d'élèves, qui eurent des fortunes diverses ; il donna même des leçons à un futur ministre, comme nous l'avons raconté plus haut, Coquelin aîné, et plus tard Firmin Gémier auront le même honneur.

Quelqu'habile que soit un orateur, il a tout à gagner en s'initiant à l'art de la diction ; il y avait, autrefois, à l'École Normale, une classe de déclamation, qui était très suivie, et je pense que Jaurès en fut l'auditeur le plus assidu. Edmond Rostand avait pris à Stanislas des leçons de Dupont-Vernon, en sorte qu'il jouait la comédie aussi bien qu'un acteur de profession ; je me souviens de l'avoir vu dans *Le Malade imaginaire* qu'il interprétait avec une verve comique, une sûreté parfaite.

Je donne en passant ce conseil à mes confrères les auteurs dramatiques : « Si vous avez une lecture importante à faire, commencez par lire votre pièce à un artiste, en le priant de vous reprendre ; vous gagnerez là une salutaire leçon et vous saurez faire valoir votre ouvrage devant les directeurs ! » Notons en passant un détail peu connu : en 1848, Samson fut pressenti pour la députation ; on lui proposait un siège à Paris, dans le quartier des Écoles où il était très populaire. Il eut le bon sens de refuser.

Il eut une classe célèbre ; citons la grande Rachel (dont nous parlerons plus loin), Berton qui devait par la suite devenir son gendre, Rey, Mme Arnould-Plessy, Mlle Allan, les sœurs Brohan, Mmes Émilie Guyon, Denain Nathalie, Jouassin, Judith, Bertal, Émilie Dubois et Rebecca Félix, cette sœur de Rachel qui mourut très jeune après d'excellents débuts à la Comédie-Française.

On peut affirmer que l'élève préférée de Samson fut Mlle Plessy, dont Rachel eut la faiblesse de se montrer jalouse ; la petite Plessy avait douze ans à peine, lorsqu'elle vint se présenter à Samson, conduite par sa mère ; l'enfant travaillait pour être sous-maîtresse de pensionnat. Le Maître interrompit son déjeuner, et fit passer un examen en règle à cette fillette qui l'avait intéressé au premier abord. Mlle Plessy récita l'obligatoire fable de La Fontaine, et si intelligemment que le Maître fut conquis : « Confiez-la moi ! J'en ferai une artiste ! »

Cela signifiait que le grand Samson enseignerait la débutante, sans lui demander la moindre rétribution ; Samson était coutumier de ces générosités ; il n'a jamais réclamé un sou à Rachel, qui mit pourtant ses services à contribution, en maintes circonstances.

Trois ans après, Mlle Plessy débutait à la Comédie, où son professeur lui donnait la réplique. Elle remporta d'emblée un succès considérable. Mais elle fut toujours reconnaissante, et garda au vieux Maître une affection que rien ne troubla.

Lorsque Samson donna en 1853 sa représentation de retraite, Mme Arnould-Plessy quitta la Russie pour se rendre à Paris, car elle avait promis de jouer dans le

Rôle du Marquis de la Seiglière

MUSÉE DE LA COMÉDIE-FRANÇAISE

spectacle. Elle y apparut, plus belle que jamais et fut acclamée, tandis que Rachel, qui avait fait mille difficultés, n'eut qu'un succès d'estime, ce dont elle enragea au point de refuser de venir au souper intime où Samson avait convié tous ses camarades.

La vie de Mme Arnould-Plessy fut des plus belles et des plus heureuses ; au fond c'était une bourgeoise, qui n'aspirait qu'à la vie bourgeoise, au mariage ; Mme Samson-Toussaint relate un entretien de Rachel et de Plessy, qu'elle avait entendu, et qui avait rapport au mariage ; Mlle Plessy disait son espoir de trouver un bon mari ; elle l'avait même découvert. Rachel s'emportait, disant qu'une véritable artiste ne devait songer qu'à son art !

Samson et ses élèves ne formaient qu'une famille ; la bonne Mme Samson, qui avait renoncé à toute ambition, et qui se contentait de créer de la joie autour de son mari, élevait ses quatre enfants et prenait soin du ménage ; cela ne l'empêchait pas d'accueillir tous les élèves de la classe ; il y avait table ouverte chez le professeur, et les leçons se continuaient à table ; les filles de Samson étaient les meilleures amies des futures sociétaires. Samson aimait à s'entourer de toute cette jeunesse, à qui il offrait parfois des parties de campagne aux environs de Paris.

Les amis arrivés fréquentaient la maison ; le plus cher était Provost, qui avait de la fortune, car son père était un gros négociant ; Provost avait dû lutter pour échap-

per au commerce. Il avait connu les heures héroïques
de l'Odéon et les inquiétudes de ces temps troublés.
De temps à autre, entre deux tournées d'Angleterre, le
fidèle Perlet faisait une brève apparition. On évoquait
la jeunesse studieuse, le Conservatoire, les années de
Rouen ; Samson survécut à ces braves compagnons, et
il leur rendit dans ses *Mémoires* un éclatant témoignage ;
ces grands artistes ignoraient l'envie et la jalousie.

Samson, en dépit de son extérieur pincé, ironique,
avait un grand cœur tendre ; le succès ne l'avait pas
gâté. Il n'était intraitable que sur deux points : la dignité
du comédien et la valeur de son professorat ; les polé-
miques qu'il soutint contre Théophile Gautier, contre
Dumas père et surtout contre Jules Janin, furent amenées
par des phrases malheureuses que ces écrivains avaient
laissé échapper, sans se douter qu'elles allaient blesser
le doyen.

Lorsqu'il fut question de décorer Samson, il y eut un
beau tapage. La décoration à un comédien ! Passait
encore pour le grand Talma ; mais décorer un histrion !

Samson, avec un courage qui lui fait honneur, répliqua
qu'il tenait sa profession pour une des plus honorables
qui fût ; si on lui donnait cette haute distinction qu'il
estimait avoir méritée, il voulait qu'elle lui fût décernée
« au titre du comédien ». Émile Augier s'entremit pour
lui faire entendre raison. Samson s'entêta, il ne fut décoré
qu'en 1864, à 74 ans, après sa dernière représentation

de retraite et quand on fut bien sûr qu'il ne remonterait plus sur les planches. Comme tous les honneurs qui arrivent trop tard, la décoration ne causa pas un très vif plaisir à Samson ; il se souvenait du temps lointain où les étudiants la réclamaient pour lui ; et ces manifestations lui étaient plus agréables que ne le fut la récompense elle-même.

La vieillesse de Joseph-Isidore fut cependant laborieuse, il ne cessait de s'intéresser à ses élève s,il écrivait pour eux, il rédigeait sa biographie, où les conseils, les exemples foisonnent ; cette histoire de sa vie s'arrête en 1838, et la partie la plus active de cette existence n'y est pas retracée. Ce qui frappe, c'est la parfaite indifférence de ce comédien à l'égard de la critique ; il ne mentionne aucune opinion de feuilletonniste sur son interprétation ; on dirait d'un parti-pris orgueilleux.

Par contre, il se juge sans indulgence. Sans faire d'emprunt à ses *Mémoires*, nous nous sommes borné à les suivre, car ils sont d'une rare sincérité ; ils furent écrits aux environs de 1863, alors que Samson, qui sentait sa fin prochaine, repassait sa carrière glorieuse. Ils ne furent publiés que beaucoup plus tard, en 1882 ; ils sont aujourd'hui complètement épuisés, et il est peu probable qu'on en fasse un nouveau tirage.

CHAPITRE VIII

SAMSON ET RACHEL

On le voit, le roman de Samson fut exempt de péripéties ; toutefois il comporte une espèce d'intrigue passionnelle : les rapports du professeur avec la grande tragédienne.

Autant que l'on puisse répondre de ces choses-là, je répondrais de la fidélité de Samson qui n'aima qu'une femme, la sienne, l'admirable Thérèse, et qui se tint prudemment à l'écart des orages de la passion. Mais il dut avoir certainement un amour platonique pour la superbe comédienne, en qui s'incarnaient ses rêves de tragédien raté ; il prit un plaisir supérieur à façonner cet être d'élite ; Rachel le paya d'ailleurs de la plus noire ingratitude ; car ce n'était pas un grand caractère qu'Élise Félix, dite Rachel !

Ce fut en 1834 que Rey, un des élèves favoris de Samson, lui signala le phénix : « Il y a, lui dit-il, dans un cours que Saint-Aulairè dirige, rue Saint-Martin, une petite bonne femme qui promet d'être quelque chose !... Je suis allé la voir, c'est Choron qui l'a recommandée à

Saint-Aulaire ; c'est une nommée Félix, elle a dans les quatorze ans, elle n'est pas jolie, mais il y a en elle un je ne sais quoi de noble qui l'élève au-dessus du vulgaire. Entre les mains d'un maître tel que vous, la petite bonne femme developperait peut-être ses qualités qui sont, pour l'heure, gâtées par d'affreux défauts ; tâchez de prendre sur votre temps pour l'aller voir ! »

Samson ne fut guère tenté ; le Choron en question était le fondateur d'un institut musical, peu renommé ; Saint-Aulaire, bien que pensionnaire de la Comédie-Française, exploitait, passage du Saumon, sauf erreur, un étrange petit théâtre d'application, dont les acteurs n'étaient pas payés ; bien mieux, ces artistes, presque des enfants, devaient placer des billets à droits chez leurs amis, parents et connaissances, afin d'entretenir les frais de la chapelle. M. le sociétaire se laissa persuader, et daigna honorer de sa présence une représentation du théâtre Saint-Aulaire.

Mlle Félix parut dans une tragédie ; elle était petite, maigre, noiraude ; ce n'est que plus tard, qu'elle se développa et devint presque belle. Elle avait, par surcroît, la voix rauque et voilée ; déjà elle avait ce front trop proéminent, que les caricaturistes accusèrent encore ; ce front, l'actrice s'efforça de le dissimuler à l'aide de bandeaux et de diadèmes. Les yeux, sans être beaux, avaient de l'éclat et de l'expression ; le nez mince, à peine courbé, trahissait tout de même l'origine sémitique ;

mais l'ovale du visage était très pur et la bouche fine.

Dès les premiers vers, Samson fut conquis : il y avait dans cette fillette une noblesse, un sens inné de la tragédie, le « daimon » parlait en elle. A vrai dire, elle n'était pas tout à fait une débutante et, depuis deux ans, elle cabotinait de Choron à Saint-Aulaire ; mais ces pauvres pédagogues n'avaient pu abîmer les belles qualités d'une pareille élève ; Samson ne s'y trompa pas et se rendit dans les coulisses. Il trouva la reine de tragédie, qui avait déjà fait son « changement » et revêtu le travesti du rôle qu'elle jouait dans la pièce finale ; Mlle Félix, insouciante, jouait à la marelle avec ses camarades, et sautait à cloche-pied dans les coulisses.

Ce grand maître fit connaissance avec celle dont il devait être le protecteur, le bon ange et disons-le aussi, le talent. A partir de ce moment, la vie de Rachel fut étroitement liée à celle de Samson, et quand Rachel mourut, il y eut dans l'âme du vieux maître quelque chose qui mourait. Certes, l'élève fut coupable et ingrate, elle avait pour excuse le caractère irritable de ceux qui ne jouissent pas longtemps de la lumière, et puis, habituée à incarner les reines et les impératrices, elle en avait gardé le despotisme ; de son côté, M. Samson était assez susceptible, encore qu'il n'eût pas de rancune.

C'était une curieuse famille que ces Félix : le père, colporteur, avait eu la petite Élise en Suisse, et cette fille était, je crois, sa quatrième enfant !... Chez le pauvre homme, c'était la misère en quarante volumes ! Les premières années de Rachel furent atroces, et c'est de là que date la peur qu'elle ressentait de n'avoir pas assez d'argent ! Cette obsession de la « dèche » a poursuivi d'autres artistes, au point de leur bouleverser l'entendement ; le chansonnier Jules Jouy, devenu riche, continuait à emprunter de l'argent à ses amis. Ajoutez que Rachel eut de lourdes charges et que toute la famille vivait à ses crochets.

Les Félix, appauvris de deux autres enfants, se trouvèrent à Lyon ; le père faisait des commerces vagues ; les filles, pour gagner leur part de nourriture, allaient vendre des oranges dans les cafés et chanter des chansons. Vous voyez Bérénice vendant la « belle valence » tout en débitant la chansonnette ? Rentrée à la maison, elle vaquait aux soins du ménage, surveillait les poupons et faisait la cuisine ; plus tard, à Paris, alors que le succès commencera de lui sourire, Rachel continuera cependant à éplucher les légumes, à balayer la mansarde, tout en apprenant ses rôles.

Elle avait une mémoire prodigieuse, et quand Samson la rencontra, elle connaissait par cœur une douzaine de rôles. Par contre, elle était prodigieusement ignorante, elle savait tout juste lire ; elle était incapable d'écrire une ligne sans faire trois fautes ; tout de suite, le bon Samson exigea que son élève prît des leçons, et lui donna la propre gouvernante de ses filles.

A force de ténacité, de travail, la petite Félix fit ses études primaires, en même temps, elle travaillait dur avec le maître ; les lettres qu'elle écrivait à Mme Samson étaient débordantes de gratitude ; à cette époque la pauvre Rachel demeurait au sixième, rue du Hasard, et plus d'une fois elle fut nourrie par son professeur ! Il fut question d'engager la jeune tragédienne ; Vedel, le caissier de la Comédie, l'avait vue au théâtre de Saint-Aulaire et il en avait parlé à l'administrateur, Jouslin de la Salle ; Samson n'était pas étranger à cette démarche, il aurait voulu soulager cette misère.

On parla d'un engagement, 800 francs ! Ce n'était pas le Pérou ! Les sociétaires s'émurent-ils d'un engagement fait en dehors des règles habituelles ? Ou bien l'odieux père Félix montra-t-il des exigences trop fortes ? L'affaire rata ; Rachel entrait à l'âge de quinze ans et sept mois au Conservatoire, et touchait une allocation annuelle de 600 francs.

Le père Félix fit encore des siennes !... Il avait découvert qu'il avait une mine d'or, et il ne pouvait retarder le moment de l'exploiter. Quatre mois après son entrée au Conservatoire, Rachel le quittait, et ce fut sa première brouille avec son maître. Elle était engagée au Gymnase, pour créer un rôle dans *La Vendéenne*, une pièce qui devait se jouer cent fois !... *La Vendéenne* fut un four lamentable et se joua dix fois ; la leçon avait été dure. Rachel, dûment résiliée, vint demander pardon

à son professeur. Il était impossible de reprendre le
chemin du Conservatoire, à jamais barré. Samson négo-
cia avec la Comédie-Française, et fut assez heureux pour
réussir ; Rachel, engagée, débuta en plein été dans le
rôle de Camille (*Horace*). Elle produisit un effet déplorable ; cinq rôles successifs n'arrivaient pas à déclencher
l'attention du public ; enfin, le 25 septembre, la recette
monta, et elle ne cessa de monter, si bien que de 724
francs, elle atteignit bientôt 4.880 francs ! Les sociétaires
en étaient ébaubis. Comment ! La tragédie se mettait
à faire de l'argent ? Et cette petite noiraude de débutante attirait tout-Paris !

Jules Janin s'attribua effrontément le mérite de ce
triomphe ; avec une candeur touchante, dans le livre qu'il
a consacré à Rachel, il se met en scène sous le nom de
« l'homme aux cent voix ».

C'est lui qui a révélé la grande tragédienne !... Une
hirondelle ne fait pas le printemps et un feuilletonniste
ne fait pas la renommée. Ce qui est tout à fait étrange,
c'est la rapidité d'une fortune que rien ne laissait soup-
çonner ; Rachel, inconnue la veille, ou plutôt méconnue,
était soudain au pinacle.

Alors, les difficultés commencèrent avec la Comédie-
Française ; le terrible père Félix ne mit plus aucun frein à
son avidité. Avec cet accent tudesque qui donnait tant de
charme à sa parole, il réclama des conditions nouvelles.
Et il n'y allait pas avec le dos de la cuiller, comme on dit.

Samson essaya de combattre chez son élève ce goût de l'argent ; plus tard, il la mettra en garde contre les « tournées » où elle perdait à la fois son temps, son talent et sa santé ! Elle faisait la sourde oreille. La Comédie dut s'exécuter ; à ce moment, l'élève était plus payée que le maître ; car Samson ne toucha jamais plus de 30.000 francs de part. Encore était-ce à la fin de sa carrière.

A partir de ce moment, les rapports de Rachel et de Samson ne sont que brouilles, suivies de réconciliations solennelles. Quoi qu'on en ait dit, Rachel devait tout à Samson, et elle était trop intelligente pour le nier ; sans cet homme qui tantôt disciplinait son génie et tantôt le talonnait, elle ne pouvait rien.

Il fallait que le maître lui donnât les moindres intonations, lui expliquât le rôle ; elle venait chez lui, à toute heure ; elle le réclamait dans sa loge, avant le spectacle ; il lui était impossible de se passer de lui. Il y avait entre eux des piques d'amoureux, suivies de tendres embrassements ; et rien n'était plus curieux que cette liaison platonique, où l'amour empruntait la forme la plus inattendue, et tout cela se passait au théâtre et se traduisait de la façon la plus théâtrale.

On sait l'anecdote célèbre : Rachel brouillée avec Samson, répétait le rôle d'Adrienne Lecouvreur ; ce qu'il y a d'admirable dans la coutume du théâtre, c'est qu'elle vous oblige à vivre et à travailler avec vos ennemis in-

times, sans que le métier en souffre le moins du monde,
Au fond, Rachel regrettait d'être fâchée avec son conseil, et elle cherchait le moyen de rentrer en grâce; elle le trouva.

Dans la pièce, Adrienne s'adressant au brave souffleur Michonnet, s'écrie : « Voilà celui à qui je dois tout mon talent ». Le jour de la première, elle se trompa volontairement, et saisissant Samson par la main, ce fut à lui qu'elle débita la tirade !... Cette amende honorable, publiquement accomplie, eut un succès incroyable ; la salle éclata en bravos, tandis que Samson avait peine à retenir ses larmes, et que tous les camarades applaudissaient.

Hélas !... Rachel, qui ne faisait rien pour rien, avait sans doute besoin des conseils de son maître. D'ailleurs, cette scène curieuse eut un pendant.

La liaison dura ainsi pas mal d'années encore ; tout de même la tendresse réciproque peu à peu perdait de sa force. La rupture définitive date de 1853, et ce fut la représentation de retraite de Samson qui en fut l'occasion.

C'est une grosse affaire dans l'existence d'un comédien, que la « représentation à bénéfice ». On la prépare de longueur ! Ce n'est pas seulement une affaire d'argent, c'est une question d'amour-propre ; il s'agit d'avoir le plus beau programme ; il y a quelque chose de touchant dans cette dernière ambition de l'artiste, qui veut par-

tir en beauté, dans l'apothéose factice des applaudissements. A tout prendre, la représentation de retraite ne
signifie pas la retraite, elle ne met pas le point final à la
phrase d'une vie. Samson, bien que retraité, resta néanmoins à la Comédie, dix années durant ; il ne lui prêta
pas une activité excessive, mais il était toujours prêt
quand on avait besoin de lui, et vous savez que Feuillet
lui demanda son dernier rôle.

La retraite du doyen, de M. Samson, eût produit une
somme folle, si l'on avait spéculé sur le snobisme. Mais
le Maître, qui n'avait jamais aimé l'argent, considéra
qu'il était indigne de lui d'augmenter le prix des places ;
il lui semblait qu'il monnayait sa gloire et tendait la
sébile !

Il avait élaboré un programme de choix : la grande
Rachel et Mme Plessy, et des musiciens renommés ; tous
ses camarades de la Comédie avaient réclamé l'honneur
de l'entourer et de jouer de petits rôles. Rachel n'avait
pas pu refuser son concours ; elle n'en avait même pas eu
la vilaine pensée !... Si elle avait supporté malaisément
qu'on lui rappelât souvent ce qu'elle devait au sage
mentor, et si elle s'était rebellée parfois devant les cha-
ritables voix qui insistaient sur les devoirs de la gratitude, elle sentait toutefois qu'elle eût compromis son
crédit en refusant au bienfaiteur l'hommage de son
génie.

Elle l'avait un peu semé, le bienfaiteur ; quand on relit

les pages où Musset rapporte les incidents d'une soirée chez Rachel, on est surpris de ne pas retrouver dans les propos tenus, le nom de Samson. Il faut vous reporter au texte de Musset : Rachel prend la brochure de *Phèdre*, et clame son enthousiasme et son inquiétude devant ce rôle. Elle oublie de dire au poète qu'elle avait travaillé Phèdre avec son maître, Samson. Et Musset se fait complice de cet oubli volontaire qui blessa cruellement Joseph-Isidore. Il avait beaucoup pardonné, il avait passé sur les luttes épiques soutenues en 1841 contre les Félix âpres au gain, sur les brouilles, sur le caractère capricant d'une grande artiste malade ; il fut frappé par l'injustice qu'il n'avait osé prévoir.

Rachel consentit à paraître dans le programme de la représentation, mais elle voulut s'y tailler une réclame. La fille du père Félix cherchait à tirer un bénéfice de ce « bénéfice ». Elle suggéra que l'on jouât un ouvrage inédit dont elle aurait le premier rôle ; il ne restait qu'un mois pour répéter cette nouveauté, de jour en jour, Rachel retardait le moment de se mettre au travail : sa vie artistique, fort encombrée, et sa vie privée, qui ne l'était pas moins, ne lui laissaient pas le loisir de tenir ses engagements. Elle aurait pu invoquer une circonstance atténuante ; le mal qui devait l'emporter la rongeait déjà, et ceux qu'il marque ne sont plus justiciables des ordinaires règles de la sociabilité.

Samson s'impatientait, il devait arrêter une fois pour

toutes son spectacle ! Le bureau de location était ouvert, et la feuille se couvrait de souscriptions. Un soir, il mit Rachel en demeure de lui rendre réponse définitive ; la reine de la tragédie lui répondit : « Maître, j'irai chez vous demain, à la première heure !

— Non, répartit Samson, vous êtes fatiguée ; c'est moi qui viendrai chez vous ; à quelle heure ?

— A onze heures ; je vous attendrai. »

Samson fut exact au rendez-vous, il sonna chez Rachel ; une cameriste vint lui ouvrir et lui dit : « Madame est sortie de très bonne heure.

— Comment ? dit Samson, Elle m'avait demandé de venir à cette heure.

— Ah ! dit la bonne. J'en ignore ; elle est sortie. »

Samson partit ; devant la porte, il vit la victoria de Rachel et son vieil orgueil s'indigna ; la petite marchande d'oranges, qu'il avait tirée de rien pour en faire l'impératrice des tréteaux, lui infligeait la pire des offenses ! Il rentra chez lui, excédé de dégoût.

Le soir, on donnait *Lady Tartufe*, une pièce assez curieuse de Mme de Girardin, et qui a surnagé sur l'océan des médiocrités qui submergea cette triste époque. Il se trouvait que Samson, vieillard amoureux d'une séduisante aventurière, devait être en scène avec Mlle Rachel, qui jouait *Lady Tartufe* ; il y avait un passage de pantomime où Lady Tartufe circonvenait à force de grâces le vieillard Samson.

Les deux camarades ne s'étaient pas revus depuis la veille, et l'injure était encore cuisante depuis le matin. Tout en jouant la scène de séduction, Rachel murmura en sourdine : « Maître, vous m'en voulez ?

— Vous m'avez fait un outrage que je n'oublierai pas ! » Et il lui baise la main.

« Je vous assure que j'étais sortie.

— C'est faux ! Vous mentez ! Votre voiture était devant la porte ! » Et il la regarde avec tendresse.

« Après tout ! prenez-le comme vous voudrez !... Vous êtes odieux !... » Et elle s'accroche tendrement à son épaule, en manifestant tous les signes de la tendresse.

« Vous dévoilez votre vrai caractère ! Vous êtes un monstre ! » Et il l'embrasse passionnément !

J'ai restitué ce petit tableau des mœurs théâtrales, d'après le témoignage de Samson ; je vous citerai une anecdote qui s'apparente à celle-ci.

Le grand baryton Morlet jouait une opérette avec Montbazon ; il était très sensible aux parfums. Sa partenaire, peut-être jalouse du succès qu'il remportait, eut l'idée de se parfumer de chypre. Dans un duo d'amour, Morlet prenant son souffle, aspira le parfum et s'enroua soudain ; il fallit être sifflé. Il pria sa partenaire de ne plus se parfumer à l'avenir, l'autre répondit : « Nous verrons ! » Le lendemain, elle s'inondait de chypre, et Morlet fut au-dessous de tout. Le troisième jour, il prit sa revanche : avant le spectacle, il se bourra d'aioli, de bourride ; l'ail éclaircit la voix, tous les Toulousains vous le diront.

Ce fut au tour de la chanteuse d'agoniser ; elle fut médiocre et manqua tous ses effets. Au sortir de la scène, l'accord se fit ; elle sacrifiait le chypre et Morlet sacrifiait l'ail, qu'il digérait malaisément. Si je vous cite cette inoffensive lutte, c'est pour vous montrer le véritable état d'âme de l'artiste ; Samson, faisant les gestes de l'ardeur amoureuse, saboulait durement celle qui lui avait manqué ; Morlet et sa partenaire, chantant un duo passionné, s'empoisonnaient réciproquement.

Lorsque Samson raconta les détails de sa querelle, devant le public qui ne s'en doutait pas, il aurait pu ajouter : « Mon enseignement triomphait ; nous étions assez maîtres de notre jeu pour poursuivre, sans que les spectateurs se doutassent des propos que nous échangions ; nous avions, elle et moi, atteint à la perfection de notre technique, puisque notre personnalité agissait, sans se soucier de notre âme ! » Samson était bien l'héritier de Diderot, il avait pioché le *Paradoxe*. Les acteurs du drame romantique, les Mélingue, les Frédérick Lemaître, les Laferrière, improvisaient chaque soir leur personnage et le variaient à l'infini. Mais le grand artiste classique est celui qui fixe une fois pour toutes un geste, une intonation, une passade et se force à l'automatisme. Quand Rachel, mal conseillée, voudra échapper à la discipline, elle sera perdue.

Les incidents de la représentation vous sont déjà connus ; Rachel n'avait pu réaliser son rêve d'offrir une création au Maître. L'arrivée de Mme Arnould-Plessy n'avait pas été pour lui plaire. Elle fut maussade et mal appréciée. Les mémorialistes prétendent qu'elle était déjà sur son déclin. La représentation ne fut qu'un vacarme d'applaudissements. Samson resta une heure au foyer à serrer des mains. Ses amis l'attendaient dans sa petite maison d'Auteuil, pour une fête intime. Comme il regagnait sa voiture, le concierge lui tendit un billet. Rachel s'excusait de «ne pouvoir prendre part au souper ; des engagements antérieurs, qu'elle avait oubliés et qu'elle se rappelait au dernier moment, etc., etc... »

Ce fut la seule ombre au tableau ; la grande ombre !... Des amis communs, disons mieux, des amis vulgaires, s'entremirent pour transformer le froid passager en brouille définitive. Samson n'eut plus à guider l'inspiration de son « médium » et Rachel, à partir de cette minute, déclina. A la Comédie elle perdit peu à peu son public ; elle se jeta dans les tournées fructueuses, conduite par son frère Raphaël Félix. A ce métier, elle s'épuisa ; sa dernière tournée en Amérique fut lamentable. Elle dut rentrer précipitamment, et abrita ses derniers jours au Cannet.

Samson ne connut ces incidents que très tard ; ils justifiaient tous ses conseils et toutes ses appréhensions. Si Rachel avait été diminuée par sa rupture avec le sage mentor, Samson n'avait pas moins souffert. A qui désormais aurait-il insufflé l'âme des grands tragiques ? Jamais il n'eut un mot de rancune pour celle qu'il avait tant aimée. Au contraire, quand il apprit qu'elle était mourante dans le Midi, il s'écria : « Qu'elle m'envoie un mot et j'oublie tout ; je cours la rejoindre. » Ce mot ne vint pas ; Rachel était déjà détachée du monde, elle perdait de vue les vieux amis qui vous aident à mourir !...

Lorsque Rachel morte fut transférée à Paris, les sociétaires, pour le discours funéraire, vinrent demander à Samson s'il consentirait à se charger de ce lourd honneur ; sans hésiter, Samson accepta. Mais le père Félix n'était pas mort, et il *défendit à Samson de parler sur la tombe de Rachel* ! Ce dernier trait achève de peindre le sinistre bonhomme, le vieux brocanteur de sa fille, et qui n'avait pas pardonné à Samson le dévouement dont le Maître avait entouré la pauvre Rachel (1858).

Mais Samson n'en avait pas fini avec Rachel. En 1859, Jules Janin fut chargé par un éditeur d'écrire un volume à la louange de la grande tragédienne disparue. Il le fit, comme il faisait toutes choses, avec enthousiasme, allégresse, rapidité et surtout avec un manque absolu de compétence et de documentation. Janin était le Chateaubriand de l'actualité ; il pouvait écrire des pages sans se donner la peine de penser une minute. Il jouissait d'une autorité qu'il n'avait pas méritée. Il n'était pas méchant, et il avait failli être un écrivain ; il avait prématurément vendu son âme au diable du journalisme, et il n'avait plus le temps d'être juste.

Rédigeant un gros volume sur Rachel, il lui attribua d'emblée toutes les vertus ; non seulement elle ne devait son génie qu'à l'inspiration, mais encore elle avait dû lutter contre un enseignement absurde, rétrograde, qui avait pour intention de ruiner les dons divins de la tragédienne. De nos jours, ainsi attaqué, un professeur du Conservatoire, fût-il des plus médiocres, hausserait les épaules et se garderait de répondre. Tout le monde, j'entends tout le monde du théâtre, savait ce que Rachel devait à son professeur ; et puis, Jules Janin, n'est-ce pas ? c'était le joueur de flûte. Il écrivait des feuilletons charmants et complètement absurdes.

Il fut l'ancêtre de cette critique impressionniste que réhabilita Jules Lemaître, mais qui sema des désastres. Le critique qui se fait valoir aux dépens des auteurs est un inconscient qui manque à son devoir. Janin croyait servir la mémoire de Rachel en attaquant Samson ; il la desservait. J'ai relu le gros volume que le grand critique a consacré à Rachel ; c'est un monument de frivolité !... Cet homme, qui avait été témoin des plus grandes révolutions dramatiques (romantisme, néo-tragédie, école du bon sens) n'avait conservé aucune impression de ces époques curieuses ; il ne nous en a laissé aucune description ; il ne les juge pas et ce qui est le plus pénible, il ne les comprend pas. Cinq cents pages d'enthousiasme sur Rachel, et aussi sur Jules Janin, qui ne s'oublia pas dans le feu d'artifice. On sent à chaque ligne l'ouvrage de commande, qui ne se rachète par aucun effort ; le confrère qui voudrait écrire la vie tumultueuse et magnifique de Rachel devra mettre à l'écart l'indigeste bouquin de Janin. Il ne devra extraire que les gravures, qui sont d'ailleurs mensongères.

Quand il prit connaissance de ce livre, Samson bondit de colère. La page que Janin lui consacrait était dédaigneuse et perfide. Pour monter Rachel en épingle, il fallait d'abord nier l'enseignement de Samson ; le vieux Maître avait une vieille dent contre le critique, dont les sarcasmes ne l'avaient pas épargné. Tant qu'on s'attaquait à lui, comédien, Samson avait dédaigné de répondre, mais on s'en prenait à son enseignement ! Il sortit les griffes ; en réponse à l'indigeste volume, *Rachel et la Tragédie*, le marquis d'Auberive publia un libelle que vous croiriez écrit par Giboyer ; quelques trente pages, fort alertement troussées et qui durent vexer celui que l'on appelait : « Le prince de la critique. » Vous voyez que la mode des princes n'est pas si récente que vous le supposiez.

Il est fort amusant, ce petit pamphlet, aujourd'hui introuvable. Il nous renseignera sur le caractère de M. Samson ; l'auteur répond sur un ton courtois, dont il exagère à dessein la politesse ; il rend hommage à la situation prépondérante de son adversaire, et le salue du titre que la foule lui donne : « Prince de la critique ! »

Attendez !... Le marquis d'Auberive va redresser la crête !... Après ces précautions oratoires, qui lui concilient la galerie, l'auteur rispote et pose la question : « Selon vous, Mlle Rachel était une actrice, toute de génie et d'inspiration, ne devant rien à l'étude ; si je lui ai donné des leçons, elle s'est hâtée de s'en *défaire* ? »

Samson, ayant délimité le terrain de combat, commence par secouer vertement l'*Homme aux cent voix* : « Oui, vous l'avez protégée, quand elle était déjà connue, vous avez volé au secours du succès ; mais ça ne vous a pas empêché de la combattre, par la suite. Et vous n'étiez guère indulgent ! » Janin passe un mauvais quart d'heure !... Il avait oublié !... Et comment pouvait-il en être autrement ? Le critique est un animal d'impulsion, il enregistre la minute, en toute sincérité, selon son tempérament et tant de choses passent en un mois !... Rachel avait été inférieure à elle-même et Janin l'avait dit, ou il l'avait crue inférieure à elle-même. Mais Rachel ni Samson n'oubliaient. Voilà le grand malentendu ; un artiste qui a reçu des louanges d'un critique prend hypothèque sur ce critique, lequel ne se souviendra plus de ce qu'il a dit. Il a passé tant d'eau sous les ponts. Que l'on ne nous remercie pas, quand nous sommes élogieux, mais que l'on ne nous blâme pas lorsque nous blâmons !....

Jules Janin avait une grande opinion de la critique, il en avait une moindre du critique. Comme il se permettait tout, il se croyait tout permis. Il pérorait au petit bonheur. Samson avait la partie belle et il la gagna ; dans sa réponse, il commença par montrer tout ce que Rachel devait au travail, le lent établissement de ses rôles ; puis il cita une partie des lettres que Rachel lui écrivit (Samson, prudent, gardait les lettres). Et ces lettres étaient accablantes ! Elles ruinaient la thèse de Jules Janin, et accentuaient le ridicule du gros volume de 510 pages in 8°. Samson n'avait cité que les lettres principales ; elles prouvaient que Rachel devait tout à son professeur, qu'elle se sentait décentrée, impuissante, lorsqu'elle était privée de ses conseils. Pour employer une expression sportive, cette grande championne ne pouvait se passer de son manager. Il y avait deux cents lettres de gratitude, d'affection, de repentir, de supplication ; Samson n'en cita qu'une trentaine. Avec un tact particulier, il avait supprimé les lettres de remerciements pour des services trop particuliers. Jules Janin ne répondit pas ; on lui avait rivé son clou.

La question de Rachel n'était pas terminée ; plus tard, après la mort du doyen, elle fut évoquée par des folliculaires mal renseignés. Il fallut que les héritiers de Samson (en l'espèce, Mme Samson et sa fille, Mme Toussaint) publiassent un volume pour remettre les choses au point ; ce volume, *Esther et Samson*, est en quelque sorte la continuation des *Mémoires*, il contient presque toutes les lettres de Rachel ; et ces lettres ne parlent que d'argent ! Bérénice, Eryphile et Phèdre ne pensent qu'à la galette ; Rachel, à Londres, consacre quatre pages à décrire la façon dont les hôteliers l'ont volée. On comprend que ces mesquineries aient indisposé le brave Samson, qui mourut de faim toute sa vie, si j'ose dire !

On nous rapporte que les émissaires de Rachel, lors des procès qu'elle intenta à la Comédie en 1841, vinrent trouver Samson, pour lui signifier les décisions de la reine ; il fut indigné au point de prendre une petite statuette que lui avait donnée son élève, et de la briser en mille morceaux. C'était pourtant tout ce qu'il avait reçu d'elle !...

Je crois que la question Samson-Rachel n'est pas terminée et que les chercheurs, les curieux la rouvriront. Quoi qu'il advienne, nous ne pouvons que louer l'attitude de Samson, outré de se voir expulsé d'une apothéose qu'il avait préparée ! Je pense à cette phrase de ses *Mémoires*, faisant allusion à sa jeunesse, et que nous avons déjà citée : « Je n'ai jamais eu un baiser, ni un gâteau, ni un joujou !... » Il n'eut même pas la reconnaissance de ses obligés.

CHAPITRE IX

LES DERNIÈRES ANNÉES

La Providence fut clémente envers ce loyal serviteur, elle lui donna une vieillesse honorée et laborieuse.

La représentation de retraite, définitive cette fois (1863), fut une chose inouïe ; Samson avait annoncé son départ et entendait tenir parole. Durant quelques semaines, il repassa tous les rôles de son répertoire. Le dernier jour, la foule assiégea le Théâtre-Français ; tous les anciens élèves de Joseph-Isidore, devenus ses coassociés, étaient dans la salle ou sur la scène. On ne lui laissa pas achever le spectacle ; une couronne, jetée par une grande dame, vint tomber aux pieds du comédien, qui se troubla pour la première fois de sa vie ; les applaudissements interrompirent la pièce ; peu après, le rideau dut se relever à dix reprises et pourtant, à cette époque, les rideaux ne mettaient pas à se lever et à se baisser la hâte qu'on leur voit aujourd'hui !

Dans le foyer, tout Paris défila ; au dehors, il y eut une manifestation folle; Samson eut toutes les peines du monde à gagner sa voiture; on lui criait : « Revenez !

Revenez !... » Il eut la sagesse de ne pas revenir !...
C'était un homme de tact et de bon sens.

Au lendemain de son apothéose, Samson se remit au travail ; s'il avait renoncé à la scène, il n'avait pas renoncé au professorat, et malgré ses 70 ans sonnés, il était fort ingambe ; ses derniers portraits nous le montrent : une tête carrée, volontaire, surmontée d'une forêt de cheveux blancs, très épais et dressés. Samson continua de former des élèves jusqu'à sa mort ; Sarah Bernhardt prit ses conseils, mais elle le quitta bientôt. Ce n'était pas le maître qui lui convenait.

Samson mit la dernière main à son fameux *Art théâtral* que nous analyserons ; à vrai dire, il y travaillait depuis longtemps, en polissait et repolissait les vers, et rédigeait des notes explicatives. Il fut ainsi son propre exégète et mâcha la besogne aux essayistes de l'avenir. Il habitait une petite maison en plein Auteuil ; il avait toujours eu le goût de la nature qu'il célébrait en vers, à l'instar de l'abbé Delille ; il avait aussi villégiaturé à Sèvres. Mme Toussaint-Samson, sa fille de prédilection, l'aidait dans ses travaux.

Il avait refusé d'être président de l'Association des Artistes ; mais il s'y intéressait, puisqu'il l'avait fondée, et donnait des avis toujours écoutés. On trouverait dans les annales de l'association plus d'une trace de ses interventions. Son dévouement fut imité, et je pense que Coquelin aîné qui fut, lui aussi, un grand mutualiste, en fondant Pont-aux-Dames, pensait servir la mémoire du Maître, auquel il consacra des pages vraiment émouvantes (lettre-préface de l'*Art Théâtral*, troisième édition).

Et puis, Samson, qui ne pouvait plus jouer, parlait ! Et c'était, nous le savons, un conférencier incomparable. Si l'on va au fond des choses, on reconnaîtra qu'il n'était pas un véritable conférencier, parce qu'il écrivait d'avance ses harangues, les répétait, et, le jour venu, les récitait en ayant l'air de les improviser ; M. Samson ne laissait rien au hasard !... Selon nous, le conférencier est avant tout un inspiré ; il aura peut-être pensé à son sujet, il en aura noté la progression, arrêté la conclusion. Mais il se sera gardé d'écrire !... Il se serait privé d'une joie particulière : la collaboration avec le public !... Il aurait perdu le bonheur de l'expression que l'on n'attendait pas et qui surgit ! L'improvisateur communique avec les auditeurs, et il prend d'eux tout ce qu'il leur donne !

Samson était le conférencier qui a mis, entre lui et la salle, le rempart d'une table à tapis vert et qui récite. Il faut confesser qu'il eut un succès extraordinaire, tant à Paris qu'à Gand ; du reste Samson était fort connu en Belgique, où il avait fait plusieurs tournées (il rencontra même Rachel à Bruxelles) ! Les Belges ont pour le théâtre un culte raisonné ; ils aiment qu'on leur en parle. Samson leur fit plusieurs cours sur la déclamation, sur la façon de comprendre un rôle et de l'établir, sur les grands acteurs ; il est regrettable que les héritiers du Maître n'aient pas conservé les brouillons de ces cours qui, paraît-il, étaient extraordinaires de clarté, de sagacité. Ce que nous en savons, c'est par Legouvé, qui en 1875 fit une conférence célèbre sur ce conférencier !

Samson ne connut pas les infirmités ; mais la guerre survint ; Samson n'avait jamais aimé l'Empire, sous aucune forme ; et pourtant il devait à Napoléon Ier son entrée au Conservatoire, et il devait à Napoléon III la Légion d'Honneur ! Mais Joseph-Isidore était resté Louis-Philippard ! Il assista, terrifié, à l'effondrement de l'Empire.

Justement, il terminait le premier volume de ses *Mémoires*, où il avait consigné quelques jugements politiques un peu sévères. La guerre, l'invasion, l'occupation allemande ! Se figure-t-on l'effet de ces désastres sur l'esprit d'un vieux comédien qui avait vu les horreurs de 1815, et qui venait de les décrire !... La vie de Samson s'écoula entre deux invasions et deux révolutions, et aussi entre deux empires ; pour lui l'Histoire était, sans conteste, un perpétuel recommencement !

A peine Auteuil se rassurait-il, que la Commune éclatait ; nul ne pouvait prévoir comment tournerait l'émeute. Samson avait très présents à l'esprit les massacres de 93. Il fut saisi d'une terreur indicible ; il criait : « Fermez les portes ! Fermez bien toutes les portes ! » Il avait vu se lever le fantôme lugubre de sa jeunesse.

La secousse fut trop rude ; le 28 mars 1871, Samson s'éteignait, entouré de ceux qu'il aimait. Il n'eut pas d'obsèques solennelles ; la révolution menaçante avait fait fuir tous les Parisiens. Cependant la Comédie envoya une délégation et Perrin, l'administrateur, lut un petit discours, où il retraçait brièvement la carrière du grand doyen ; l'inhumation eut lieu au cimetière Montmartre.

On sait que la Comédie-Française, affecte des crédits spéciaux à l'entretien des tombes de ses grands sociétaires ; cette piété lui fait honneur, et elle n'y a jamais manqué. La tombe de Samson est soigneusement surveillée, comme celles de Talma et de Rachel.

CHAPITRE X

SAMSON AUTEUR

Notre héros bourgeois a laissé un certain nombre d'ouvrages dramatiques ; il en était d'ailleurs très fier. En général, les grands comédiens sont aiguillonnés de la manie d'écrire. Je citerai un mot immortel de mon grand ami Silvain ; il disait : « Le comédien disparaît ; le poète seul reste !

— Pouvez-vous dire cela, vous, Maître ? répliqua un admirateur enthousiaste.

— Mais, mon enfant, je suis poète ! » dit Silvain. Et le meilleur, c'est qu'il le croyait.

Or, je ne blesserai pas Silvain en disant que chez lui, l'artiste est infiniment supérieur au poète, et qu'il a joué *Tartufe* comme on ne l'a jamais joué ; comprendre, c'est égaler, dit un proverbe, et Silvain a merveilleusement compris le classique ; il est un des derniers « anneaux de la tradition ». Bien qu'il tourne agréablement le vers, comme poète, il est un peu au-dessous de Casimir Delavigne.

Samson fut un Silvain avant la lettre ; à force de dire

des vers, on en vient à parler selon la loi de l'hexamètre. Samson, bercé par les muses du classicisme, fut dès l'enfance marqué par le goût de la règle traditionnelle. Il avait annoté Boileau !... Il savait par cœur tous les tragiques et les comiques mineurs. Il pensait en alexandrins nobles ! Et les nobles, à ce moment de l'histoire, étaient pauvres.

Ce qui surprend, dans cette biographie très respectable, c'est que Samson, témoin et même protecteur de la grande révolution littéraire, appelée romantisme, ne fut pas pris par l'engouement, ou, si vous pérférez, le snobisme de 1830.

Il n'était pas vieux, pourtant ; à 37 ans, un esprit de sa valeur n'est pas encore ossifié ; dès 1820, des signes précurseurs du grand tumulte avaient averti ceux qui avaient des oreilles pour entendre. Les critiques soucieux d'examiner les origines du romantisme font des découvertes curieuses ; comme tous les coups d'État, le mouvement littéraire qui s'affirma lors de la soirée d'*Hernani* avait été préparé de longue main. Les romantiques notoires bénéficièrent des tentatives multiples et heureuses que leurs aînés avaient risquées. Ils mirent en scène une nouveauté déjà vieille de dix ans, ils organisèrent la publicité d'un idéal *nouveau*, mais vieux de deux lustres. Ce fut Napoléon, classique invétéré, qui créa par son épopée l'inspiration nouvelle. Et ce fut la Restauration qui encouragea les « sauvages ». Expliquez ça, si vous le pouvez !

Joseph-Isidore, né en pleine Révolution et fils de prolétaires, eût dû suivre la mode nouvelle et donner dans le genre mélodramatique. Non ! Il avait été bien élevé dans l'hypogée de la tradition, et pas plus qu'il ne connut les terribles péripéties de l'histoire mondiale, il ne connut les bouleversements dramatiques. Tous les théâtres où il avait joué (sauf le Palais-Royal) ont des architectures de temple. Et je ne suis pas bien sûr que le Palais-Royal ne fût un petit temple discret. Dans ces sanctuaires, il règne un air de dignité et de bigoterie ; il faut en prendre et en laisser.

Je vous ai dit que les pièces les plus audacieuses de ces cent dernières années furent justement données dans ces cathédrales. Et le plus curieux, c'est qu'elles eurent pour interprètes les plus conservateurs parmi les artistes. Samson a joué Joyeuse d'*Henri III* ! Si nous rappelons ces détails, c'est pour vous montrer la vanité des idées préconçues, des jugements du haut de la chaire. Rien n'est si simple que les rudiments le présentent ; l'extrême complexité des influences littéraires, la lutte pour conquérir le public et par conséquent la fortune, la jalousie des écoles, l'influence des Mécènes, tout cela mériterait, au moins pour le XIXe siècle, une étude approfondie.

Un seul exemple : on a cru que le romantisme avait tout bousculé, et qu'il triomphait ? Dans le même temps, les derniers tenants de la tragédie classique et du vaudeville à la Picard se faisaient applaudir ! La réaction du néo-classicisme et l'école du bon sens ne fut pas non plus une contre-révolution. En dépit de la théorie de l'évolution, tous les genres persistent ; aucun d'eux ne meurt. A l'heure où j'écris, M. Jules Romains restaure tranquillement la tradition de la comédie classique, et il passe pour un novateur. Horace disait : « Beaucoup de choses renaissent qui moururent autrefois ! »

Samson avait fixé son esthétique ; il était rivé au vers et à la tradition classiques ; il ne pouvait s'en détacher ; son maître, c'était le doux Picard, dont il ne comprit d'ailleurs pas la force régénératrice.

Picard, avec une forme faible et mal assurée, avait une puissance d'originalité et d'invention qui furent rarement égalées. Le répertoire comique lui léguait des personnages immuables, qui venaient, par des chemins différents, de l'ancienne comédie italienne : les valets raisonneurs, les jeunes gens insouciants et amoureux, les vieillards grondeurs ; on s'étonne de voir que trente années de catastrophes n'avaient pu modifier les guignols dont les Français s'amusaient. Mais Picard avait tout de même créé la *péripétie*, ce que nos modernes professeurs appellent la « mécanique ». Il n'avait comme référence que Beaumarchais. Au demeurant, tout le théâtre bourgeois du siècle dernier ne vient-il pas de Beaumarchais ?

SAMSON
(Vers 1955)

Les imitateurs de Picard ne pouvaient atteindre à sa virtuosité technique, à cette prodigieuse invention, à cette rigueur mathématique, extrayant d'une trouvaille toutes les conséquences qu'elle comporte. Mais ce que l'on pouvait copier, c'était la peinture des mœurs bourgeoises, les types anciens adaptés à une comédie presque actuelle. Nous retrouverons l'insupportable valet, qui nous agacera d'autant plus que nous avons renoncé à dénicher des domestiques. Nous retrouverons la servante futée, le financier intrigant, la fausse Agnès, la duègne impérative, le tabellion. Rien de fossile comme la comédie de 1820 à 1850. Il y eut là trente années déplorables, où le théâtre de facture triomphait. Il n'en reste rien.

Ne nous étonnons pas si le théâtre de Samson, élève de Picard, nous paraît aussi dénué d'intérêt. N'ayant pas la maîtrise de Picard, il n'en pouvait prendre que les faiblesses. Son théâtre fut un exercice « à la manière de... »

La liste des pièces que Samson écrivit, seul ou en collaboration, est tout de même respectable. De nos jours, Joseph-Isidore aurait eu droit au sociétariat. Nous avons parlé de *La Fête de Molière*, à-propos, qui fut son premier essai (1825). Ne nous attardons pas sur cet essai malheureux ; ce fut pourtant un encouragement.

En 1828, il est repris par le génie, et il produit son œuvre principale : *La Belle-mère et le Gendre* qui fut créée à l'Odéon et reprise à la Comédie; j'ai lu la brochure et je n'hésite pas à déclarer que c'est bien mauvais. Ainsi se confirme une vérité indiscutable : on peut être un grand acteur et un mauvais auteur dramatique. La pièce en question n'est pas bonne, elle n'est pas mauvaise; elle est déplorablement quelconque. Je ne vous parle pas des vers ! Picard les trouvait excellents, et Andrieux leur concéda son suffrage.

En 1842, M. Samson donne à la Comédie une pièce en trois actes, en vers, qui eut une courte carrière : *Le Veuvage*. Il ne reste rien de cette pièce, en sorte qu'il nous est difficile de l'analyser.

Samson sommeille quelque temps sur ses lauriers ; mais en 1843, il donnait au Vaudeville un acte en vers : *Péché de jeunesse*, avec Jules de Wailly, puis à l'Odéon trois actes en prose : *L'Alcade de Zalamea*, toujours avec de Wailly. Il paraît que *L'Alcade* eut un certain succès, et l'on m'affirme que la pièce fut transformée en opéra-comique.

Samson donna encore deux ouvrages : *La Famille Poisson*, un acte en vers, au Théâtre-Français, qui eut un succès considérable, et resta très longtemps au répertoire (1845). Plus tard vint *La Dot de ma Fille* (1854) qui n'obtint qu'un succès d'estime. Ajoutons à cette liste : *Atala*, trois actes; *Les Champs Elysées*, un acte, et les *Mariages Ecossais*, un acte.

La Famille Poisson ou les Trois Crispins mérite

un examen particulier. C'est une pièce sur le théâtre
et sur l'emploi auquel Samson devait ses premiers succès.
La distribution annonce les noms de Provost : Raymond Poisson ; Samson : Paul, son fils ; Régnier : Arnould, fils de Paul Poisson ; Micheau : Beauséjour, acteur
de province ; Mlle Brohan : Marianne.

Comme distribution que peut-on rêver de mieux !...
Les comédiens-auteurs savaient déjà choisir leurs interprètes. Elle est bien médiocre, encore que très curieuse,
cette pièce qui valut surtout par le jeu des acteurs. Je
cite les premiers vers :

MARIANNE

En croirai-je mes yeux ! Toi, dans cette maison,
Arnould, toi, que l'on croit à Lille, en garnison ?

ARNOULD

Moi-même, Marianne.

MARIANNE

          Et sans ton uniforme ?
Aurais-tu par hasard un congé ?...

ARNOULD

           De réforme !
Adieu tous les lauriers promis à ton cousin !
Tu me quittes héros, tu me revois Crispin !

La rime n'est pas riche, mais l'exposition est faite ; en

six vers l'action est amorcée. Nous sommes loin des grâces exquises de Banville, des fantaisies allègres de Th. Gautier. M. Samson parle de la célèbre famille Poisson qui s'illustra dans les « rôles à manteau ». Et c'est une apologie du métier qu'il esquisse ; seize cents vers, bien tassés !... Dans cet opuscule, vous retrouverez le professeur et le comédien, qui défendent leur profession. Le cadre de la comédie est mesquin : Arnould, soldat libéré, s'est engagé comme Crispin, dans une troupe de province ; il est fils d'un grand Crispin et petit-fils d'un autre grand Crispin, et il veut épouser sa cousine Marianne, pupille du deuxième Poisson. Arnould se voit interdire la carrière théâtrale, pour des raisons médiocres : son frère n'y a pas réussi.

ARNOULD

Parce que mon cher frère a trop peu de talent
On veut m'empêcher d'être un acteur excellent ?

Toute la pièce est écrite dans ce ton ; les rimes sont d'une indigence voulue. De bonne prose vaudrait mieux que de mauvais vers ! Le poème oblige l'auteur médiocre à dire en beaucoup de mots ce qu'une phrase expliquerait.

Au dénouement, Arnould, ayant fait ses preuves de Crispin, épousera Marianne, et nous n'aurons qu'un petit acte de plus. Ce qui inspira sans doute Samson en l'espèce d'à-propos dont nous relatons le succès, ce fut sans doute le souvenir de ses débuts à Rouen, et le don que lui fit Corréard d'un superbe habit de Crispin. Les Poisson furent des Crispin célèbres, et Samson se flattait de les continuer. Lorsque l'auteur publia sa pièce en brochure, il la fit suivre d'un post-scriptum qui mérite d'être reproduit ; le voici, dans toute son ingénuité :

« Si la lecture est quelquefois funeste aux ouvrages de théâtre, c'est surtout à ceux qui ont été représentés d'une façon supérieure. Il peut donc être malheureux, pour l'amour-propre d'un écrivain dramatique, d'avoir trouvé d'excellents interprètes et cela m'est arrivé. On comprend que je ne dois ni ne veux parler de moi ; je ne m'étais d'ailleurs réservé qu'une faible part dans l'exécution, et les craintes de l'auteur ont nui sans doute au comédien. Mais ceux qui m'entouraient ont fait dignement leur devoir ; ils ont joué leur rôle, non seulement en gens de talent, mais en bons camarades, en amis chauds et dévoués. Je les en remercie de grand cœur, je suis aussi heureux de leur succès que du mien. Quelle que soit la grandeur des pertes récemment essuyées par la Comédie-Française, le public a pu voir que sur cette noble scène, il reste encore autre chose que des souvenirs. »

Tout Samson est là-dedans : fidélité aux amis, vanité d'auteur, orgueil du comédien et attachement à la grande Maison. Le Théâtre-Français reprendra-t-il jamais *La Famille Poisson* ?

Les pièces de théâtre sur le théâtre n'intéressent pas le spectateur.

C'est à tort que les mécontents prétendent qu'un sociétaire peut se faire jouer quand même. Samson avait écrit une belle tragédie historique, probablement teintée de romantisme, et qu'il intitulait *Les Foscari*. D'après les lettres de Rachel, publiées par Mme Samson-Toussaint, il appert que Joseph-Isidore avait pressenti Rachel pour qu'elle créât le principal rôle de la tragédie ; Rachel, qui a encore besoin de leçons, ne demande pas mieux que d'obéir à son maître ; elle se montre enthousiaste ! Elle promet de se mettre à l'ouvrage dès la rentrée : « Nous travaillerons ensemble ! »

Nul ne peut dire ce que sont devenus ces infortunés *Foscari*. Ont-ils été seulement présentés au Comité de lecture ? Certains affirment que la pièce fut reçue ; il est plus probable qu'elle fut poliment reçue à corrections. A moins que l'auteur, brouillé avec l'interprète qu'il avait rêvée, n'ait remis son ours dans ses cartons. Après 1854, Samson ne fait plus représenter d'ouvrage. Nous ne citerons que pour mémoire *Aspasie*, un acte qu'il écrivit pour Rachel, et *Père et Savant*. J'allais oublier un acte larmoyant qui se passe en Allemagne, et où un Werner fait preuve de magnanimité, *La Dot de ma Fille*, qui fait peut-être double emploi avec *Père et Savant*.

Il ne faut pas trop rire des pièces de Samson, qui reflétaient la sensibilité fadasse et le goût de la mesure qui ont régné dans la première partie du siècle dernier. A tout prendre, les pièces du comédien Baron n'étaient pas meilleures, et je vous défie de les relire.

Samson, que nous avons connu conférencier, était aussi un agréable discoureur ; il ne refusait pas son concours, dès qu'il fallait prononcer des paroles émues, lors d'une cérémonie. Ayant parlé sur Molière, il pouvait bien parler sur n'importe qui. Il avait l'improvisation facile et heureuse. C'est un don ; je vous citerais plusieurs écrivains de valeur, qui seraient malades si on ne les priait pas, au dessert d'un banquet, de prononcer quelques paroles bien senties. Durant tout le repas, en mastiquant des nourritures médiocres, ils n'ont pensé qu'à l'improvisation qu'on leur demanderait. Et si on ne leur demande rien, ils ont perdu leur journée. De nos jours, ces cérémonies s'aggravent de photographies.

Samson fut mis à contribution, très souvent ; jamais il ne se déroba. Nous n'avons gardé que trois discours de lui ; celui qu'il prononça devant la fontaine Molière et qui fit époque ; un discours en vers, en l'honneur de Picard ; et un plaidoyer en vers pour la Comédie-Française. La Comédie n'a pas besoin qu'on plaide pour elle ; elle trouve plus de bénéfice à ce qu'on plaide contre elle. Je n'ai pas vu trace de ce plaidoyer. Les papiers de Samson n'ont pas été réunis en volume ; nous avons ainsi perdu bien des renseignements précieux sur une dramaturgie très peu accessible ; le journalisme dramatique, alors, n'existait pour ainsi dire pas. La presse se divisait en deux parties : les vendus et les lyriques. Il n'y avait pas d'homme de métier.

Cette carence n'est pas particulière au XIX⁰ siècle ; aujourd'hui, nous avons, par les journaux, les hebdomadaires, les feuilles à potins, mille sources de renseignements. Je me demande la figure que fera, dans vingt ans, le malheureux qui voudra restituer l'évolution dramatique de ces cinquante dernières années ?... J'ai signalé cette tendance à simplifier qui n'est que la paresse du critique. Pour dépouiller les documents laissés par ce demi-siècle, trois existences de secrétaires suffiraient à peine !... Un mémorialiste intelligent aurait mâché la besogne.

CHAPITRE XI

SAMSON POÈTE DIDACTIQUE

Nous nous trouverons maintenant en présence de l'œuvre maîtresse de Samson, cet *Art Théâtral*, aujourd'hui bien oublié et injustement apprécié, mais qui souleva lors de son apparition un très vif intérêt ; il y en eut quatre éditions ; cependant on hésite à donner une date certaine pour la première ; en deux volumes in-8°.

Certains dictionnaires donnent 1865 ; or, l'édition porte 1863, année de la retraite définitive de Samson ; une deuxième édition, en un volume in-8°, semble, par sa typographie, antérieure à celle de 1863. Les deux éditions sont complètement épuisées ; elle ne différent que par le caractère.

Une troisième édition, avec lettre de Coquelin aîné et préface d'Émile Augier, est également épuisée. Coquelin aîné nous dit : « Il était l'homme des nuances. » Il indique avec ménagement qu'il était un artiste ironique, et l'on sait que ces comédiens sont fort difficiles à placer, l'ironie étant le sentiment le moins accessible au spectateur. « Il avait une apparence étriquée, une voix insuffisante et pointue ! » Comment un homme, si mal servi par la nature, peut-il s'imposer à l'admiration ? Quelle somme de travail, quelle obstination pour vaincre ses défauts, ou tout au moins, les transformer en qualités. C'est là que s'affirme le génie d'un caractère qui ne s'est jamais laissé détourner du chemin qu'il s'était tracé.

L'excellent libraire Dorbon aîné, qui publia en 1912 la quatrième et dernière édition de l'*Art théâtral*, nous conte une anecdote assez frappante. Mme Samson-Toussaint, la fille et la confidente du Maître disparu, s'était dévouée à la défense et à l'administration des œuvres de son père. Agée de quatre-vingts ans, elle corrigea les épreuves du poème et revit les notes, très copieuses et très précieuses, qui terminent le volume. Elle disait à Dorbon aîné : « Je n'ai plus rien qui m'attache désormais à la vie ; mon plus cher désir serait de mourir le jour où e remettrai le « bon à tirer » de cet ouvrage ! » Un Dieu indulgent entendit cette prière ; Mme Samson-Toussaint remit à sa bonne le paquet des épreuves corrigées, avec le bon à tirer. Lorsque la bonne revint de la poste, elle trouva sa maîtresse morte.

Nous avons entre les mains un exemplaire de l'édition Dorbon qui n'est pas encore épuisée. Une courte préface de Silvain, l'éminent successeur de Samson au décanat, la présenta. « Je viens de relire, dit-il, ce livre que les comédiens de notre génération ne connaissent guère, tandis qu'il devrait être leur livre de chevet et c'est grand dommage que cette œuvre « véritable monument élevé à l'art dramatique » selon la phrase d'Émile Augier, soit si injustement ignorée aujourd'hui. »

Ce témoignage rendu par un homme qui est, lui aussi, un grand comédien et un grand professeur, a dû réjouir les mânes de Joseph-Isidore. Plus loin, Silvain dit : « La finesse, la distinction, le naturel de ce prodigieux diseur sont passés en proverbe dans la maison glorieuse où son nom est inscrit en lettres d'or sur la plaque de marbre du siècle dernier. »

Silvain spécifie que ce fut après qu'il eut pris sa retraite, que Samson publia son *Art théâtral*. L'édition en deux volumes serait donc la première ? J'en doute encore. Silvain ajoute : « C'est là un tour de force aussi rare que celui de Boileau, écrivant l'*Art poétique* ». Décidément Samson n'échappera pas à la domination de Boileau ; ce compliment l'eût d'ailleurs comblé de joie !

« Plus j'ai étudié les différentes parties de l'ouvrage, plus je me suis convaincu de son utilité », ajouta l'éminent doyen, qui profite de l'occasion pour servir une mercuriale bien tassée au théâtre moderne et au réalisme ; acteurs et auteurs en prennent pour leur grade. Silvain termine sa préface en annonçant que désormais il commencera sa classe par la lecture et l'explication d'un passage de l'*Art théâtral*. A-t-il tenu parole ?

Entrons dans cet *Art* : huit chants et six mille vers environ ! A tout prendre, ces vers ne sont ni bons, ni mauvais ; ils sont corrects. Ils disent convenablement ce qu'ils veulent dire ; quelques-uns, assez bien frappés, résument en une formule heureuse l'enseignement du professeur. Nous relevons çà et là des portraits d'acteurs, des images bien venues.

Samson commence par se rendre justice et s'applaudit d'avoir hâté le brillant avenir de plus d'un acteur aimé du public. Puis il analyse l'instinct d'imitation chez l'enfant.

L'art du comédien a-t-il besoin d'un maître ?

L'auteur aborde un sujet brûlant, qu'il a déjà traité dans sa fameuse lettre à Jules Janin. Et l'on comprend que la question lui tienne à cœur ; si le génie n'a pas besoin de maître, à quoi servent les Samson présents, passés, et à venir ? S'ils ne font que déformer les talents, qu'on les supprime ! Et Joseph-Isidore, qui n'oublie pas, qui n'oubliera jamais, fait une apologie ironique de la thèse Janin, puis il se reprend :

> Qu'un jeune débutant, par des leçons formé,
> Conquière sur la scène un succès légitime,
> Aux mains qui l'ont guidé refusant toute estime,
> Il ne doit qu'à lui seul les beautés de son jeu !

Attrape, Jules Janin ! Et plus loin, le romantisme est bousculé.

Les règles ne sont plus ; les chefs-d'œuvre où sont-ils ? Viennent des vérités indiscutables ; un jeune élève ne peut, de premier abord, interpréter les grands classiques :

> Recevra-t-il du ciel le secret difficile
> De conduire aisément une voix indocile ?
> Où donc puisera-t-il le goût des convenances
> Et de la grandeur simple et des fines nuances ?

Tout l'enseignement de Samson est dans ces quatre vers. Plus loin, voici le devoir du Maître :

> Du sujet qui se livre à ses mains vigilantes
> Il n'étouffera pas les qualités brillantes ;
> Mais il en réglera la mesure et l'emploi.

Ne choisissez pas les professeurs parmi les ratés, « qui perdent le talent dont ils furent privés ». Simplicité de langage ! Le précepte donné, que l'exemple l'appuie ! Réformez la nature et domptez l'habitude :

> Chaque personnage à vos soins confié
> Dans ses moindres détails veut être étudié ;
> Sachez de vos efforts nous dérober la trace.
> Un jeu bien préparé nous semble sans apprêt !

Aujourd'hui, ces maximes vous paraissent banales ; elles révolutionnèrent le théâtre :

> Mais en s'abandonnant, que l'artiste s'observe :
> De vos heureux hasards sachez vous souvenir !
> L'acteur qui, du talent veut atteindre le faîte,
> Quand il livre son cœur, doit conserver sa tête.

C'était la maxime de Molé, qui la tenait sans doute de Diderot. Samson proclame la valeur de la tradition, à condition qu'elle soit contrôlée. Vient le choix de « l'emploi » et un conseil, hélas ! trop peu suivi : « Avant de débuter, apprenez la grammaire et la prosodie ! Apprenez aussi l'histoire :

> Lekain, plus que Voltaire, était un oriental

Il n'y avait pas de peine ! Mais Samson va un peu fort quand il conseille aux comédiens de « corriger parfois l'auteur qui sur la scène emprunte votre voix ! » L'avis n'est que trop bien accueilli, et les Samsonnets ont dû plus d'une fois être rappelés au respect du texte. Le premier chant se termine ainsi : « Ayez d'abord un maître et toujours un ami ! »

Chant II.

> L'art, c'est le naturel en doctrine érigé

Samson indique la discipline de la voix : c'est la technique de la diction ; c'est dans l'inflexion que le sens se reflète ; sachez de votre voix mesurer l'étendue, revenez sans cesse dans le médium, là seulement l'acteur trouve le naturel ! Toujours la raison déplaît quand elle crie ! Articulez nettement ; parlez distinctement, c'est la première loi. Plus d'un acteur se laisse entraîner par sa voix ; ayez l'air de penser et non pas de savoir. Cherchez le mot important et détachez-le. C'est l'art de Talma et de

Fleury, des deux idoles de l'auteur. Samson s'élève contre
le « hoquet » tragique ; hélas ! le hoquet lui a survécu...
Il s'élève aussi contre la diction « cadencée », contre
l'école de Lafon : « Faut-il déclamer, ou parler ? Ni l'un
ni l'autre ! » Faites-y bien attention ! La lutte entre ces
deux écoles est toujours actuelle.

Samson, homme du juste milieu, n'a pas voulu prendre
parti : « Suivez le sens de l'auteur ! » Toutefois il concède
que : « Le vers de tragédie veut une inflexion par la voix
agrandie ! Il faut unir le naturel avec le grandiose ! »
Bouvard et Pécuchet n'auraient pas dit mieux : « Gar-
dez-vous des écarts d'un comique trop bas ! » C'est du
Boileau tout pur.

Mais voici une maxime impérieuse et magnifique, et
qu'Antoine a retrouvée, tout seul :

> Que votre jeu, toujours, serve le jeu des autres !

Je crois entendre mon cher maître, crier du fond de
la salle, lors des répétitions : « Mossieu ! Vous ne jouez
pas la réplique ! »

« A l'effet général, vous devez concourir ! » Ce que nous
résumons ainsi, nous autres critiques : « Il faut jouer
avec ensemble ! »

Samson continue : N'abusez pas des gestes ;

> Il faut d'un geste simple appuyant la pensée ;
> La parole par lui doit être devancée !

L'école réaliste n'a jamais dit autre chose !

> On doit dire tout bas ce qui se dit à part,
> Souvent pour geste alors il suffit du regard.

C'est assez mal écrit, mais c'est très juste ; de nos jours, les auteurs s'efforcent de supprimer l'*a parte*, comme ils ont supprimé le monologue et la tirade.

> Soignez l'art d'écouter au talent de bien dire.

Cela ne s'enseigne plus au Conservatoire ; ou du moins, cela ne s'apprend plus.

Une anecdote curieuse sur Garrick termine le chant.

Chant III. — Il est consacré à l'étude de ses rôles ; le Maître indique la façon dont il conçoit les grands rôles classiques ; ce n'est évidemment pas très fermement pensé. Mais le passage consacré à *Phèdre* doit retenir notre attention : lisez-le !... Vous y retrouverez Rachel, du moins la Rachel que Samson magnétisait, en quelque sorte ; ce rôle de Phèdre avait toujours inquiété la tragédienne, elle en avait discuté souvent avec son professeur ; et quand elle en parlera plus tard à son ami Alfred de Musset, ce sont les idées de Samson qu'elle sortira ; vous n'avez qu'à rapprocher l'interview de Musset et l'*Art théâtral* ; c'est un petit jeu amusant.

Chemin faisant, Samson laisse échapper cet hexamètre :

> Il faut, pour bien jouer, commencer par bien lire !

Et c'est un aveu. L'étude du rôle d'Alceste est quel-

conque ; le récit d'une visite à Fleury est plus intéressant ; le grand Fleury, qui venait de jouer le *Misanthrope*,
évoque la mémoire de Molé, qui fut extraordinaire
dans ce rôle ; et il termine :

Je contrefais Molé, mais je ne le suis pas !

Chant IV. — Le poète (?) passe en revue les grands
rôles comiques du répertoire, Arnolphe, Agnès ; je ne
relève qu'une maxime heureuse :

Pour nous faire penser, il faut que l'auteur pense.

Et un conseil, un peu tardif :

Respectez votre auteur ; telle est la loi première !

Voici le portrait de Célimène et celui d'Arsinoé,
et celui d'Alceste ; ils ne nous apprennent rien ; et
celui de Pauline ne nous en apprend pas davantage ; mais
ce que Samson a voulu, c'est exercer l'élève à la dissec-
tion d'un rôle ; cet exercice a ses dangers !... Vous cite-
rai-je cette anecdote ? Un grand artiste vint trouver
Dumas fils et lui dit : « Maître ! je ne comprends pas
mon rôle et je voudrais...

— Par Dieu ! interrompit Dumas, n'essayez pas de
comprendre, ou nous sommes perdus ! »

Il est indéniable que le metteur en scène, à présent,
est chargé de comprendre pour tout le monde, et de
traduire à chacun les intonations qui sont les expres-
sions de pensées de l'auteur. La naïveté des interprètes

est parfois déconcertante ; dans *Hérodiade,* saint **Jean**
condamné à mourir, s'écrie :

Je ne regrette rien de ma prison d'argile.

L'acteur, en chantant cela, désignait les murs de la
prison, et les directeurs, non moins intelligents, avaient
demandé au décorateur de peindre « une prison d'argile » !
Je dois avouer que le chanteur avait une belle voix, ce
qui rachetait bien des choses.

De ces naïvetés, on remplirait plusieurs volumes !..
Il y a le « toréador » qui estime que « l'œil noir qui le
regarde « est l'œil du bœuf, parbleu ! » C'est pourquoi
Samson, à l'encontre de Dumas fils, voulait que l'acteur fût intelligent.

« Parlerai-je du *Cid* » continue Samson ; et ma foi, il
en parle assez bien, car il retrouve Guilhem de Castro à
travers Corneille. Il parle aussi de Camille (encore un
rôle de Rachel !) et il analyse minutieusement son personnage ; il y avait en lui un tragique impénitent qui
s'épanouissait dans le professorat. Lorsque Rachel, dans
les imprécations, soulevait l'enthousiasme, c'était Samson, le comique, qui lui souflait ses cris.

Le poète fait ensuite un éloge de Lekain, qu'il proclame
« le plus grand des acteurs tragiques ! » (L'élève de
Talma semble oublier son maître). Et c'est l'analyse
scrupuleuse du jeu de Lekain dans *Tancrède* ; même analyse du rôle d'Aménaïde. De là, il passe aux « vieillards
tragiques » ; chemin faisant, il trace quelques portraits

d'acteurs disparus et dont il parle par ouï-dire. Et le chant se termine par ces deux vers :

> Un grand acteur ajoute, en son jeu créateur,
> De nouvelles beautés aux beautés de l'auteur.

C'est vrai, à condition que le grand acteur ait du tact ; il y aurait beaucoup à réfléchir là-dessus ; trop souvent, même à la Comédie, on a confondu la tradition avec les traditions, ces trouvailles discutables léguées par des comédiens célèbres ; elles surchargent trop souvent le texte et le défigurent. Les successeurs les reprennent et y ajoutent de leur crû. C'est surtout dans le classique en prose, dans le comique particulièrement, que ces *provins* se décèlent. Il y aurait là une sévère revision à effectuer ; il fut question d'y procéder, il y a une trentaine d'années, sur les justes remontrances du père Sarcey.

Chant V. — Études des scènes de querelle entre amoureux ; on n'ignore pas que ces scènes sont choisies de préférence pour les concours du Conservatoire ; autre scène de concours, *Le Mariage de Victorine*, où Mlle Mars fut inimitable. Troisième scène de concours, celle de *Chérubin*.

Long passage sur Marivaux ; il ne nous apprend pas grand'chose, sinon que Contat et Mars furent très belles dans le rôle de Silvia ; à noter ce précepte :

> ...Son débit rapide,
> Ne doit jamais cesser d'être net et limpide.

Le paragraphe qui concerne le rôle de Dubois, des *Fausses confidences*, mérite de nous retenir; ce fut dans ce personnage que Samson connut ses premiers succès et fit ses premiers débuts, tant en province qu'à Paris.

Suivent les analyses de Néron et de Tartufe; et pour terminer, l'éloge de Molière. Vous pensez que Bossuet est quelque peu morigéné; quant à Mme veuve Molière, qui commit le péché de se remarier, elle est définitivement condamnée aux yeux de la postérité !

Chant VI. — Nous passons à l'amour maternel; parallèle entre Mérope et Andromaque; Mérope, ce fut la Dumesnil, dont Samson nous parle d'après les rapports de vieillards admiratifs. Allez donc prétendre, après cela, que la gloire du comédien disparaît avec lui ! Samson recommande :

> Ce débit poétique ensemble, et naturel,
> Dont l'art depuis Talma, fit présent à Rachel

Voici Clytemnestre, et voici Antigone. Et voici le père de Dorante, le père de Don Juan et les vieillards du grand Corneille, « fière et noble race ». Le défilé continue : Agrippine, Cléopâtre, Harpagon; Joad, le grand prêtre, que Beaucour interprétait, paraît-il, d'une façon vulgaire et que Baron, au terme de sa carrière, incarna avec génie.

Samson raconte ensuite l'étrange aventure de Banière, qui déserta pour devenir comédien et, en plein triomphe, fut arrêté, puis fusillé ! S'appeler Banière et être fusillé pour désertion ! L'auteur de l'*Art théâtral* nous dit qu'il égalait Baron.

Chant VII. — Il est presque tout entier consacré aux valets et aux soubrettes. Là, Samson était dans son élément : il se sent à l'aise et ses préceptes pleuvent : « Soyez spirituel, sans apprêt, sans effort ! Ne soulignez point tout ! De temps trop prolongés, vous devez vous défendre ! » Analyse des trois Figaros, à laquelle on ne saurait rien reprendre, tant elle paraît encore juste ; analyse de Crispin, qui lui a fourni le sujet de *La Famille Poisson*, et nous recueillons au vol cette admonestation :

L'exagération, voilà ce qu'il faut craindre.

C'est dans l'excès surtout qu'il faut de la mesure !

Or, Dugazon, favori de la foule, tombait facilement dans l'excès ; tandis que Préville savait se dominer. A propos de Sganarelle du *Festin*, Samson dit une chose excellente, et que les acteurs comiques d'à présent devraient bien méditer :

Que l'acteur n'ait pas l'air de se moquer de soi !

Je crois entendre Antoine criant : « Monsieur, jouez la pièce et surtout ne la blaguez pas ! » Le premier don, c'est la naïveté ! Fuyez toujours la charge et ses honteux succès, car la charge est le refuge des défauts de l'acteur. Est-il possible de dire plus nettement les devoirs de l'interprète comique ? Décrivant Dorine, Samson dit encore :

Pour se répondre mieux, savoir bien écouter.

Et c'est Dorine ! Et c'est Martine ! Et c'est Marton !... Au passage, un joli vers :

Marivaux ne va guère au delà du sourire.

Et c'est Suzanne, du *Mariage,* à qui Contat dut d'être révélée. « Dans Suzanne, on fêta Célimène. » Mars fut, plus d'un demi-siècle, ingénue et coquette.

Deux portraits réussis : Mascarille et Jodelet. Et le chant se termine par un vers médiocre de forme et riche de pensée :

A la ville honnête homme, il faut l'être au théâtre.

Chant VIII. — Considérations sur Thespis, l'inventeur des tournées et précurseur du *Roman Comique.* Digression sur les trois tragiques grecs, sur quelques acteurs fameux, sur l'origine de la comédie, et sur les auteurs comiques latins. M. Samson entreprend d'écrire l'histoire du théâtre, qui bientôt se transforme et nous offre la lignée des grands comédiens, Montfleury, Floridor, Baron, la Champmeslé, le pompeux Duclos, Beaucour l'énergumène (déjà nommé), Adrienne Lecouvreur ; Mlle de Brie joua Agnès à soixante ans ! Quel précédent !

D'autres noms qui ne nous disent plus rien ; c'est une

nomenclature qui n'évoque plus grand'chose à notre mémoire ; un seul nom nous retient un instant :

Vanhove qu'à Talma l'hymen avait unie ;
Elle avait, disait-on, des larmes dans la voix.

L'expression daterait de cette époque.

Petit discours sur Contat, qui créa la Suzanne du *Mariage* : « Souplesse, naturel, aisance, fini. » Samson ne tarit pas d'éloges !

Mars n'eut pas, de Contat, la verve et la grandeur.

Ce Ruy Gomez de Silva ne nous fait grâce d'aucun portrait d'ancêtre ; il nous livre ses raisons :

Du Théâtre-Français étudiez l'histoire ;
Connaissez ces grands noms, et chérissez sa gloire !
Sachez des vrais talents continuer la race.

Et pourtant :

Nos meilleures leçons nous viennent de nous-mêmes

L'auteur de l'*Art théâtral* a voulu terminer son poème par les deux effigies de ses maîtres vénérés : Fleury et Talma. Nous remarquerons qu'il n'a pas eu un mot pour Lafon, son premier professeur ; à chaque ligne, il rompt des lances contre l'enseignement néfaste du susdit Lafon. Est-ce que, sans le vouloir, Joseph-Isidore aurait été le précurseur des idées modernes ?...

Son poème, si j'ose dire, se termine par un hymne à la tradition :

Jeunes, écoutez des vieux les discours salutaires ;
Ils vous conteront l'art, son passé, ses mystères,
Et peut-être, pour mieux vous frayer le chemin,
Un d'entre eux vous tendra sa fraternelle main.

. . . .

Et les jeunes, mûris par l'âge et les travaux,
Plus tard viendront en aide à des talents nouveaux.
Ainsi, l'art entre tous forme une heureuse chaîne.

Nous voilà parvenus à la fin de ce poème didactique ; avouons qu'il ne nous a pas ennuyés et qu'il a confirmé un certain nombre de vérités, aujourd'hui admises sans conteste. Admettons qu'il y ait là-dedans beaucoup de verbiage, des dissertations superflues ; Joseph-Isidore, à chaque instant, découvre Molière, Corneille et Racine ; c'est un peu agaçant à la longue, j'en conviens, et la critique moderne nous apprend à fouiller plus profondément un caractère. Mais n'est-il pas admirable que Samson ait le premier donné l'exemple de cette exégèse et qu'il ait dit au comédien : « Si tu ne comprends pas, tu es incapable d'avoir du talent ; cherche, pioche, joue tous les rôles avant de jouer le tien ; évite l'*effet*, ne t'attache qu'au naturel et à la sincérité ! Fuis l'applaudissement facile ; ne prends pas des temps de génie ! etc., etc. » Tels étaient les préceptes de celui dont un contemporain disait : « Qu'il devait tout à l'art et à l'expérience, et qu'il était à l'aise dans ses défauts, comme un autre dans ses qualités. »

Tout à l'heure, je raillais les vers de ce poème ; j'en ai

pourtant cité d'excellents et qui se gravent dans la mémoire ; le père Samson abusait des « chevilles initiales », des *et* et des *mais* ; tout compte fait, il exprimait sa pensée en termes exacts et congruents. N'est-il pas touchant, ce monument que le grand professeur a construit à l'honneur de son art, avec des carcasses de mirlitons ?

Une dernière remarque s'impose : l'auteur passe en revue tous les emplois du répertoire ; mais il n'a pas un mot pour la comédie moderne, où il a conquis ses grades ; de parti pris, il oublie les personnages de la nouvelle série et qui n'étaient, somme toute, que les anciens pantins revêtus d'habits neufs. Il passe sous silence cet emploi de raisonneur qui date pourtant de Molière... Il ne veut pas aller plus loin que Marivaux.

Nous ne saurons donc pas la genèse du comte de Rantzau, du marquis de la Seiglière et du marquis d'Auberive. La correspondance de Samson aurait pu nous renseigner en quelque mesure, car il s'expliquait volontiers par lettre ; mais qui se chargera de recueillir les lettres de Samson et qui les a gardées ?... Les descendants de Provost, de Perlet, de de Wailly et de la grande Rachel, pourraient retrouver trace d'une correspondance très documentaire ; les élèves de Samson devaient conserver les billets de leur maître, et noter son enseignement au jour le jour. Et Samson lui-même, qui préparait tout, devait tracer le programme de ses leçons. Il est impossible que tout cela ait disparu.

CHAPITRE XII

CONSIDÉRATIONS SANS INTÉRÊT

L'enseignement de Joseph-Isidore Samson ne fut pas une révolution dans l'art du comédien ; il ne fit que codifier ce que l'expérience et l'instinct avaient révélé. Mais la grande nouveauté résidait dans ces deux règles : 1º l'art de la lecture doit précéder l'art de bien dire ; 2º il importe de développer l'intelligence et la culture du comédien.

Les professeurs du Conservatoire sont, pour la plupart, ralliés aux préceptes de l'*Art théâtral*. Ils montrent à leurs élèves comment on démonte un personnage, afin d'en bien voir la psychologie ; ensuite comment on l'établit, comment on l'habille, comment, enfin, on le complète. Ça, c'est la part de collaboration.

Jeunes acteurs, apprenez qu'à de rares exceptions près, les auteurs ne vous aideront pas ! D'abord, ils ne savent pas « parler cabot », c'est-à-dire exprimer leur pensée en quelques mots, qui renseignent l'interprète. Et puis, ils se désintéressent vite des répétitions ; ces longues journées à l'avant-scène, dans une demi-obscurité, les lassent rapidement. Il n'y a que les dernières études qui les réveillent de leur torpeur ; mais il est trop tard et les fautes sont acquises, dont la plus grave est la « faute de distribution ». Trop souvent, l'auteur compte sur le « metteur en scène ». Il y en a d'admirables, certes, comme Edmond Roze, comme Gémier ; mais il en est de fort médiocres. A l'heure actuelle, il n'y a pas au Conservatoire de classe de mise en scène !...

On a beaucoup écrit sur la décadence de la Grande Maison ; pour ma part, j'ai toujours défendu les professeurs, qui font tout ce qu'ils peuvent ; à mon avis, nous sommes en présence d'une crise de recrutement, il n'y a plus de tempéraments exceptionnels, ou bien ils abordent directement la scène. Nos meilleurs comiques nous viennent du music-hall, ou des théâtres d'opérette ; mais quelle pénurie, dans nos grands rôles ! Nous avons une foule de jeunes premiers légers, fort agréables ; mais nous n'avons pas trois premiers rôles dramatiques ; même disette chez les femmes. Je ne prétends pas que ce sont les Samson qui fabriquent les Rachel ; mais s'il n'y avait pas eu Samson, Rachel n'aurait pas développé ses radieuses qualités ; à la fin de sa vie, Rachel, privée de son guide, n'était plus elle-même. Je ne crois pas au génie autodidacte.

Ce qu'il y a de changé depuis un siècle, c'est la mentalité du débutant ; d'abord, le jeune comédien est trop souvent issu de la bourgeoisie moyenne ; alors que Ligier était vitrier, Beauvallet peintre en bâtiments, Samson clerc de basoche, nos « espoirs » sont d'excellente famille.

Ils n'ont pas la préoccupation de la côtelette. Relisez à ce sujet les pages que Samson consacre au problème des repas ; lui et ses amis, Raymond, Perlet, mangeaient pour quelques sous. Je ne prétends pas que la misère soit la meilleure école du talent, mais la relative aisance amollit les courages.

Autre remarque : Samson, élève du Conservatoire, ne cherche pas à cabotiner au dehors ; les exercices du dimanche lui suffisent. A présent, il n'y a pas un élève qui ne fasse partie d'un théâtre ; il s'ensuit que les études ne sont pas régulièrement suivies ; les mauvaises habitudes sont vite prises. On ne saurait nier que le « ton classique » ne se perde au Conservatoire et que la vulgarité ne s'y installe. Les prix diminuent de valeur ; les concours publics donnent des résultats presque toujours faussés. Les concours d'admission font entrer des êtres petits, laids, malingres, dépourvus d'organe et de prestance. Dame ! On prend ce qu'on trouve !

Au sortir du Conservatoire, l'élève Samson n'avait qu'un objectif : devenir sociétaire et professeur !... Toute sa vie, il se reprochera une incartade de huit mois, qu'il expiera par 57 ans d'exactitude et de loyaux services. Il n'aura jamais d'ambition en dehors de la Comédie. Il fera de rares tournées en Belgique, mais il n'ira jamais au loin ; il blâmera Rachel que l'appât du gain attire de l'autre côté de la mare aux harengs.

Lors de sa représentation à bénéfice, en dépit du programme pharamineux, il refusera l'augmentation du prix des places : « Je ne veux pas que l'on croie que je bats monnaie avec mon art ! »

Ah ! qu'il paraîtrait ridicule, de nos jours, ce désintéressement !... En littérature, comme en comédie, on court après le gros cachet ; se faire payer très cher et donner peu de travail ! Mettons à part les courageuses tentavives de Copeau, de Dullin, qui ont formé des compagnies d'artistes désintéressés, et quasi religieuses. Voyez ce qui se passe dans les grands théâtres : les prétentions de jeunes comédiens, qui ne savent encore rien, qui se fient à leurs dons heureux, et qui claquent au bout de quelques mois. Dans ces mécomptes, la presse a bien sa part de responsabilité ; nous autres, critiques, nous sommes prompts à « monter en épingle » un inconnu qui montre des dispositions. Nous lui rendons le plus mauvais service ; il se croit arrivé. Le cachet de 25 louis le contente à peine, et c'est le désastre. Il ira gagner 25 francs en province.

Je disais tout cela, et bien d'autres choses, à un prix de comédie, qui refusait l'engagement de la Comédie : « Il faut que je mange ! Et puis quoi ! A la Comédie, je trouverai devant moi les chefs d'emploi, qui défendent leur vieille peau !... Je jouerai en été (juillet et août) devant les Cooks ; et dans deux ans, oublié, inutilisé, je quitterai le Théâtre-Français, pour essayer une autre carrière ailleurs !... Alors, qui se souviendra de mon prix ?... »

Hélas ! Il avait raison !... Si les sociétaires et les pensionnaires étaient payés, non par le public à qui l'on a demandé tous les sacrifices, mais par l'État, qui devrait *tripler* la subvention, nous aurions à la Comédie une troupe comme l'on n'en vit jamais. Si la recommandation politique était écartée, si d'autres influences étaient neutralisées, enfin si la Comédie avait pour chef un préfet à poigne, appuyé par les bureaux ; si la grande critique (j'entends celle des journaux à fort tirage) se mêlait de contrôler les subventionnés, le Conservatoire et les examens d'admission, vous auriez peut-être une extraordinaire troupe de comédiens ordinaires.

Dans le *Roi Lear*, un personnage s'écrie : « Le malheur des temps veut que les aveugles soient conduits par des fous ! » Et les réformateurs de confirmer la thèse : « Quoi ?... Le classique ?... Il n'en mourra pas pour si peu : ce n'est pas le cabot qui fait l'auteur ! » J'écoute ces déclamations faciles ; mais je leur opposerai un argument sans réplique : « Depuis trois cents ans, les grands comédiens se sont transmis une chronique verbale, qui fut rarement consignée dans des écrits. D'âge en âge, de génération en génération, le souvenir de « la création » parvenait jusqu'à nos pères, à peine déformée ; ainsi l'interprétation première vivait de sa vie particulière, auprès du texte immuable. Des prêtres bénévoles transmettaient cette religion et laissaient des indications précises, léguées par les ancêtres. Un Samson

pouvait après un siècle et demi, vous dire comment Baron concevait un rôle !... »

La chaîne est rompue... Deux guerres l'ont brisée. Et puis, qu'est-ce que la tragédie ?... Qu'est-ce que le drame ? Deux formules périmées qui renaîtront plus tard ! Pour l'heure, nous en sommes au théâtre utilitaire. Tartufe est un homme d'affaires, Harpagon est un contribuable à qui l'État réclame des bénéfices, et Néron est un homme d'État ! Arnolphe a les plus jolies femmes. M. Jourdain gouverne la République et Don Juan met de l'argent en banque ; Sylvia se sauve avec son chauffeur, et Léandre est professeur de tango. Le marquis d'Auberive place du champagne ou des autos, et Turcaret prépare l'emprunt odieux. Une nouvelle société s'élabore ; ce sont toujours les mêmes types, mais ils ont changé de caractère ; il n'y a plus d'aristocratie, il n'y a plus de bourgeoisie, il n'y a même plus de domesticité.

Un de mes amis me disait : « J'aime beaucoup *Ruy Blas*, parce que ce drame marque la date fatidique où les domestiques entrèrent dans la politique ; ils y sont les maîtres ! »

Quel serait l'état d'âme de M. Joseph-Isidore Samson, s'il lui était permis de voir tout cela ?... Comment ce classique induré accepterait-il la décadence de la tragédie et de ce drame que pourtant il abhorrait ? Mais surtout que penserait-il d'une profession qu'il avait magnifiée et que le cinéma mena ensuite en d'étranges chemins !

ROLES JOUÉS PAR SAMSON

1826. — Laurent, dans *L'Agiotage*, de PICARD et EMPIS
Tournefort, dans *L'Argent*, de Casimir BONJOUR ;
Béranger, dans *Une Aventure de Charles V*, de LAFITTE ;
Le concierge, dans *Le Tasse*, d'A. DUVAL.

1827. — Martigny, dans *Louis XI à Péronne*, de MÉLY-JANIN ;
Sommerville, dans *Lambert Symnel*, de PICARD et EMPIS ;
Alasco, dans *Emilia*, d'Al. JOURNET ; Germain, dans
L'Ami de tout le monde, de Mme de BAWR.

1828. — Durville, dans *Molière*, de FRANÇOIS ; Duc d'Albano,
dans *La Princesse Aurélie*, de Casimir DELAVIGNE ; Fleuriet,
dans *Jamais*, à-propos de PICARD et EMPIS ; Robert, dans
L'Ecole de la jeunesse, de DRAPARNAUD ; Fédor, dans *Olga*,
d'ANCELOT ; Flegman, dans *La Duchesse et le Page*,
d'A. BERAUD.

1829. — Joyeuse, dans *Henri III et sa cour*, d'A. DUMAS ;
Beaugrand, dans *Le Bon garçon*, de PICARD et MAZÈRES.

1830. — Dupuis, dans *Un an*, d'ANCELOT ; Louis, dans *La Dame
et la Demoiselle*, d'EMPIS et MAZÈRES.

1831. — Antonin, dans *Charlote Corday*, de Reignier DESTOUR-
BET ; Chapoulart, dans *L'Amitié des femmes*, de LAFFITTE .

1832. — Durand, dans *L'Anniversaire de Molière*, D'ESPAGNY.
Olivier le Daim, dans *Louis XI*, de Casimir DELA-
VIGNE ; Joseph, dans *Clotilde*, de F. SOULIÉ et BOUSSANGE ;
Clément Marot, dans *Le Roi s'amuse*, de Victor HUGO ;
Bertrand, dans *Henriette et Raymond*, de Germain DELA-
VIGNE et SCRIBE.

1833. — Le Docteur, dans *Le Barbouillé*, de MOLIÈRE ; Martin,
dans *Le Presbytère*, de Casimir BONJOUR ; Dumont, dans
Plus de peur que de mal, d'Hipp. AUGER ; Sganarelle, dans
Le Médecin volant, de MOLIÈRE ; Dubois, dans *La Conspira-
tion de Cellamare*, de d'ESPAGNY et SAINT-ESTÉBAN ; Vi-
gnolles, dans *Le Marquis de Rieux*, de DUPIN et D'ESPA-

GNY ; Bacot, dans l'*Alibi*, d'Al. de LONGPRÉ ; Bertrand de
Rantzau, dans *Bertrand et Raton*, de SCRIBE ;

1834. — Desrozoirs, dans *La Passion secrète*, de SCRIBE ;
Fragon, dans *Heureuse comme une princesse*, d'ANCELOT
et de LABORIE ; Neuborough, dans *L'Ambitieux*, de
SCRIBE.

1835. — Vautier, dans *Richelieu*, de N. LEMERCIER ; Le père
Grisset, dans *Une Présentation*, de FRANÇOIS et N. FOUR-
NIER ; Don Quexada, dans *Don Juan d'Autriche*, de Casi-
mir DELAVIGNE.

1836. — Lord Hovard, dans *Lord Hovard*, d'EMPIS ; Marco,
dans *Une Famille au temps de Luther*, de Casimir DELA-
VIGNE ; De Grantois, dans *Un Procès criminel*, de ROSIER ;
Le Maréchal, dans *Le Maréchal de l'empire*, de MERVILLE.

1837. — Comte de Mermont, dans *La Camaraderie*, de SCRIBE ;
Sernon, dans *La Vieillesse d'un grand roi*, de LOCKROY
et ARNOULD ; Préval, dans *Julie*, d'EMPIS ; Le commandeur,
dans *Le Marquis de Senneterre*, de MÉLESVILLE et DUVEY-
RIER ; D'Hennebon, dans *Les Indépendants*, de SCRIBE.

1838. — M. Dor, dans *L'Attente*, de Marie DE SÉNAN (Jules de
WAILLY) ; Beauplan, dans *Faute de s'entendre*, de Charles
DUVEYRIER ; Caverly, dans *La Popularité*, de C. DELA-
VIGNE.

1839. — Bonnefonds, dans *Le Comité de bienfaisance*, de
Ch. DUVEYRIER et J. DE WAILLY ; De Villiers, dans *La
Course au clocher*, d'ARVERS ; Vincent, dans *Le Susceptible*,
de BEAUPLAN ; Vicomte de Brossac, dans *Il faut que jeunesse se passe*, de ROUGEMONT ; Roland, dans *L'Ami de la
maison*, de Jules CARTIER (Etienne de VAULABELLE).

1840. — Coquenet, dans *La Calomnie*, de SCRIBE ; Plumcake,
dans *Japhet à la recherche d'un père*, de SCRIBE ; Claudius,
dans *Latréaumont*, de DINAUX et E. SUE.

1841. — Jollivet, dans *Le second mari*, d'ARGERS ; La Branche,
dans *Le Conseiller rapporteur*, de C. DELAVIGNE ; De
Bercourt, dans *La Protectrice*, d'Emile SOUVESTRE et
Mme Claire BRUNE (MARBROUTY) ; Jacques, dans *La Pré-
tendante*, de DINAUX et E. SUE.

1842. — Menars, dans *Un Veuvage*, de SAMSON ; Le marquis de
Pons, dans *Le Portrait vivant*, de MÉLESVILLE.

1843. — Della Porta, dans *Les Grands et les petits*, d'HAREL.

1844. — Saint-Laurent, dans *L'Héritier*, d'EMPIS.

1845. — Don Lopez, dans *La Guerrero*, de LEGOUVÉ ; Julien, dans *Une bonne réputation*, d'ARNOULD ; Thomassin, dans *Le Gendre d'un millionnaire*, de Léonce DEMOLIÈRE ; Bardolp, dans *La Tour de Babel*, de Th. BRUANT (LIADIERER) ; Paul Poisson, dans *La Famille Poisson*, de SAMSON.

1846. — Simon, dans *La Chasse aux fripons*, d'Emile AUGIER ; L'Alcade, dans *Don Guzman*, de DECOURCELLE ; Pascariel, dans *Scaramouche et Pascariel*, de Michel CARRÉ ; Randel, dans *Pour arriver*, d'Emile SOUVESTRE.

1848. — Gros-Guillaume, dans *Marinette*, de DECOURCELLE ; Mucarade, dans *L'Aventurière*, d'Emile AUGIER ; Molière, dans *Le Roi attend*, de Georges SAND ; Dupuis, dans *La Paix à tout prix*, d'Emile SERRET ; Le duc de Bouillon, dans *Adrienne Lecouvreur*, de SCRIBE et LEGOUVÉ ; Tamponet, dans *Gabrielle*, d'Emile AUGIER.

1849. — Caillaud, dans *La Corruption*, d'Amédée Lefebvre.

1850. — Dubreuil, dans *Les Deux célibats*, de J. DE WAILLY et OVERNAY ; André, dans *Le Chandelier*, d'Alfred de MUSSET ; Charles-Quint, dans *Les Contes de la reine de Navarre*, de SCRIBE et LEGOUVÉ ; Psaumis, dans *Le Joueur de flûte*, d'Emile AUGIER.

1851. — Le marquis de la Seiglière, dans *Mlle de la Seiglière* de J. SANDEAU ; Duverdier, dans *Les Lundis de Madame*, d'Allard.

1854. — De Ferriol, dans *Mlle Aïssé*, de DE LA VERGNE ; Goichot, dans *La Niaise*, de MAZÈRE ; Varner, dans *La Dot de ma fille*, de SAMSON.

1856. — Dupuis, dans *Le Village*, d'Oct. FEUILLET.

1857. — Phamarande, dans *Philiberte*, d'Emile AUGIER.

1858. — Duhamel, dans *Les deux Frontin*, de SIRAUDIN et MÉRY.

1861. — Marquis d'Auberive, dans *Les Effrontés*, d'Emile AUGIER.

1862. — Le même, dans *Le fils de Giboyer*, du même.

TABLE DES MATIÈRES

TABLE DES PLANCHES

LES PRESSES UNIVERSITAIRES DE FRANCE, PARIS. — o185